GUÍA BÁSICA DE

DIBUJO

Paisajes

GUÍA BÁSICA DE
DIBUJO
Paisajes

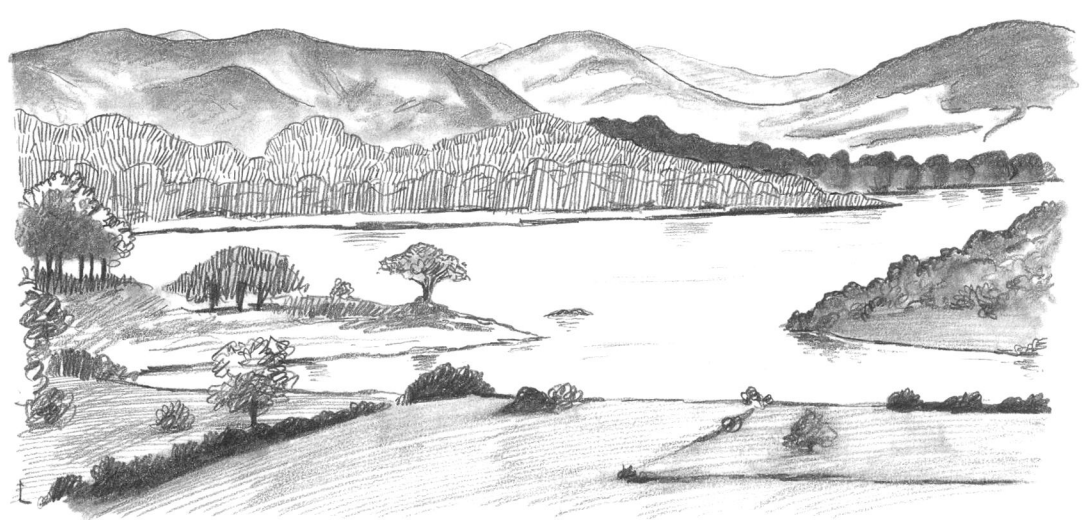

BARRINGTON BARBER

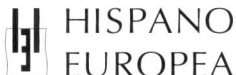 HISPANO
EUROPEA

Título de la edición original:
Essential Guide to Drawing Landscapes

© 2012 Arcturus Publishing Limited/Barrington Barber
26/27 Bickels Yard, 151–153 Bermondsey Street,
London SE1 3HA

© de la edición en castellano, 2014:
Editorial Hispano Europea, S. A.
Primer de Maig, 21 - Pol. Ind. Gran Via Sud
08908 L'Hospitalet (Barcelona), España
E-mail: hispanoeuropea@hispanoeuropea.com

© de la traducción: Esther Gil

Depósito Legal: B. 1478-2014

ISBN: 978-84-255-2078-5

Consulte nuestra web:
www.hispanoeuropea.com

Impreso en España
T. G. Soler, S. A.
Enric Morera, 15
08950 Esplugues de Llobregat (Barcelona)

INDICE

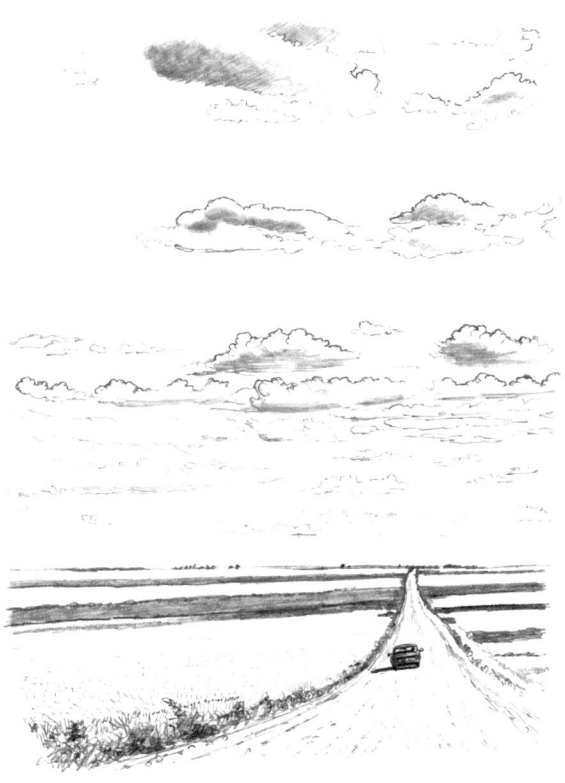

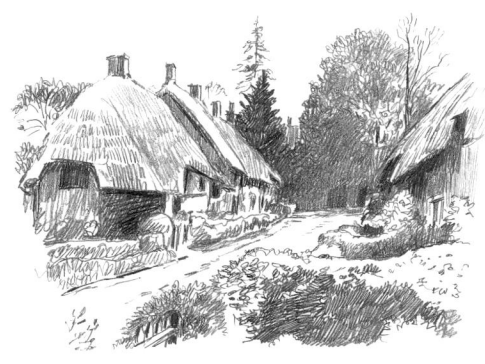

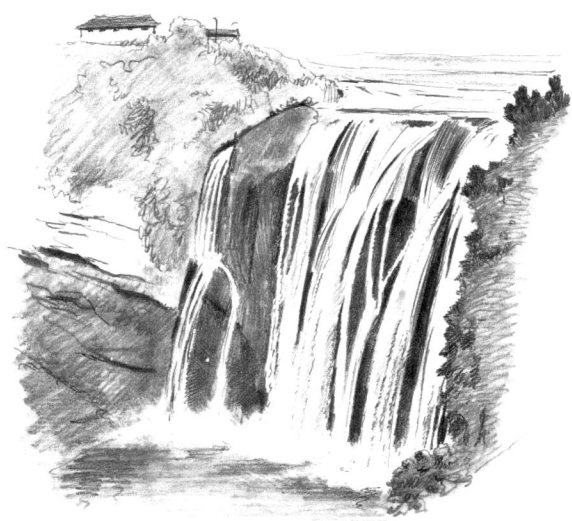

Introducción

Cuando estudiamos algo para dibujarlo, principalmente nos centramos en lo que vemos con los ojos. Sin embargo, el análisis de un paisaje requiere la atención de todos los sentidos. Al aire libre somos conscientes del tiempo que hace, de los sonidos y de los olores que nos rodean. De la visión de cerca de un bodegón o una figura inclinada de repente cambiamos a contemplar horizontes distantes, grandes cielos y extensiones de agua. El dibujo de paisajes no significa representar todo con la precisión con la que lo haría una cámara ni copiar el estilo de los impresionistas en sus dibujos. El poder de las marcas que traces con el lápiz, la pluma o el pincel tendrá la capacidad de indagar en nuestros recuerdos más fugaces y desbordar nuestra imaginación.

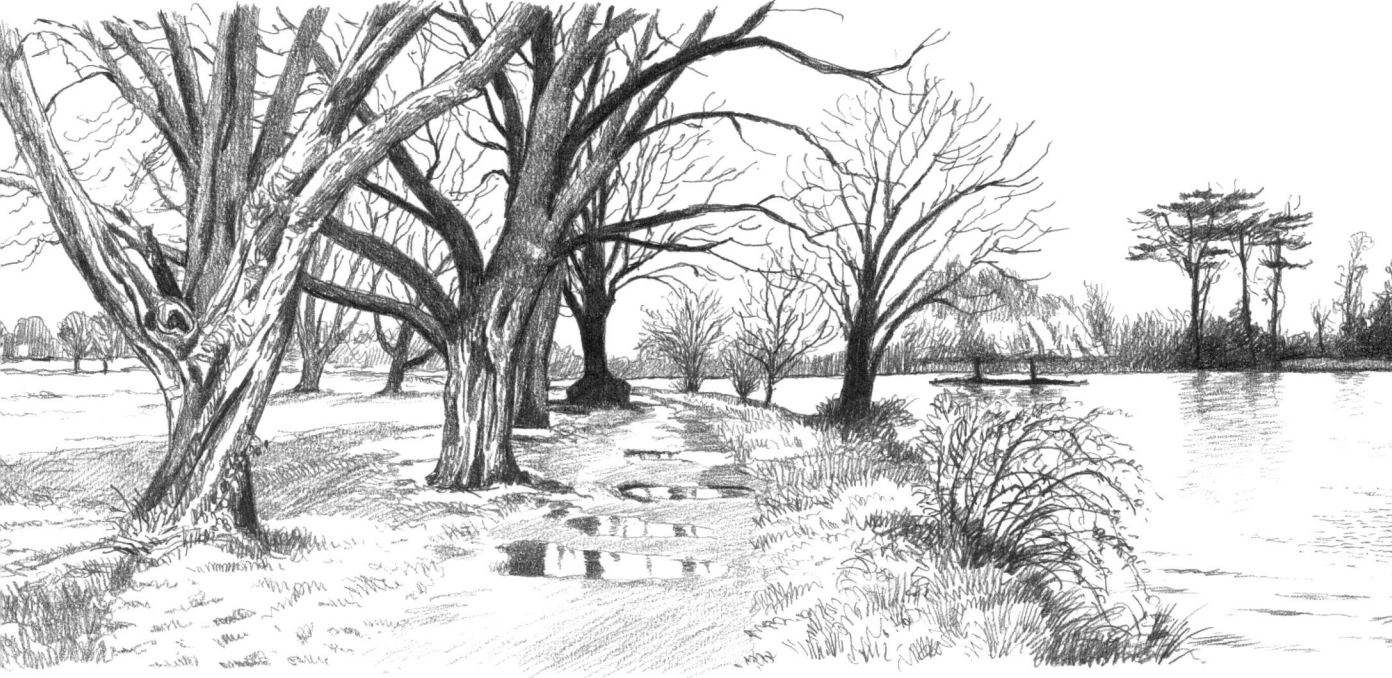

El paisaje es un tema amplísimo y variado y toda preparación será siempre una inversión de tiempo. Enseguida verás que el tema de las texturas es muy importante, desde saber transmitir el reflejo de la luz en el agua hasta la textura vasta de la hierba y un suelo rugoso de piedras.

También advertirás que lo que dibujes a pequeña escala puede replicarse a gran escala, lo que, sin duda, te aportará confianza y seguridad: si puedes dibujar una roca de forma convincente, también podrás dibujar una montaña.

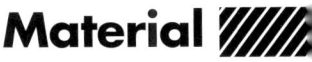
Cualquier medio resulta válido para dibujar paisajes, de modo que te iré mostrando un amplio abanico tanto aquí como a lo largo del libro. No tienes por qué comprarte todo el material que listo a continuación y lo más correcto será ir experimentando poco a poco. Empieza con la gama de lápices que sugiero y, cuando te sientas seguro para experimentar nuevas sensaciones, no lo dudes. En cuanto al papel, propongo empezar con un papel cartulina de peso medio.

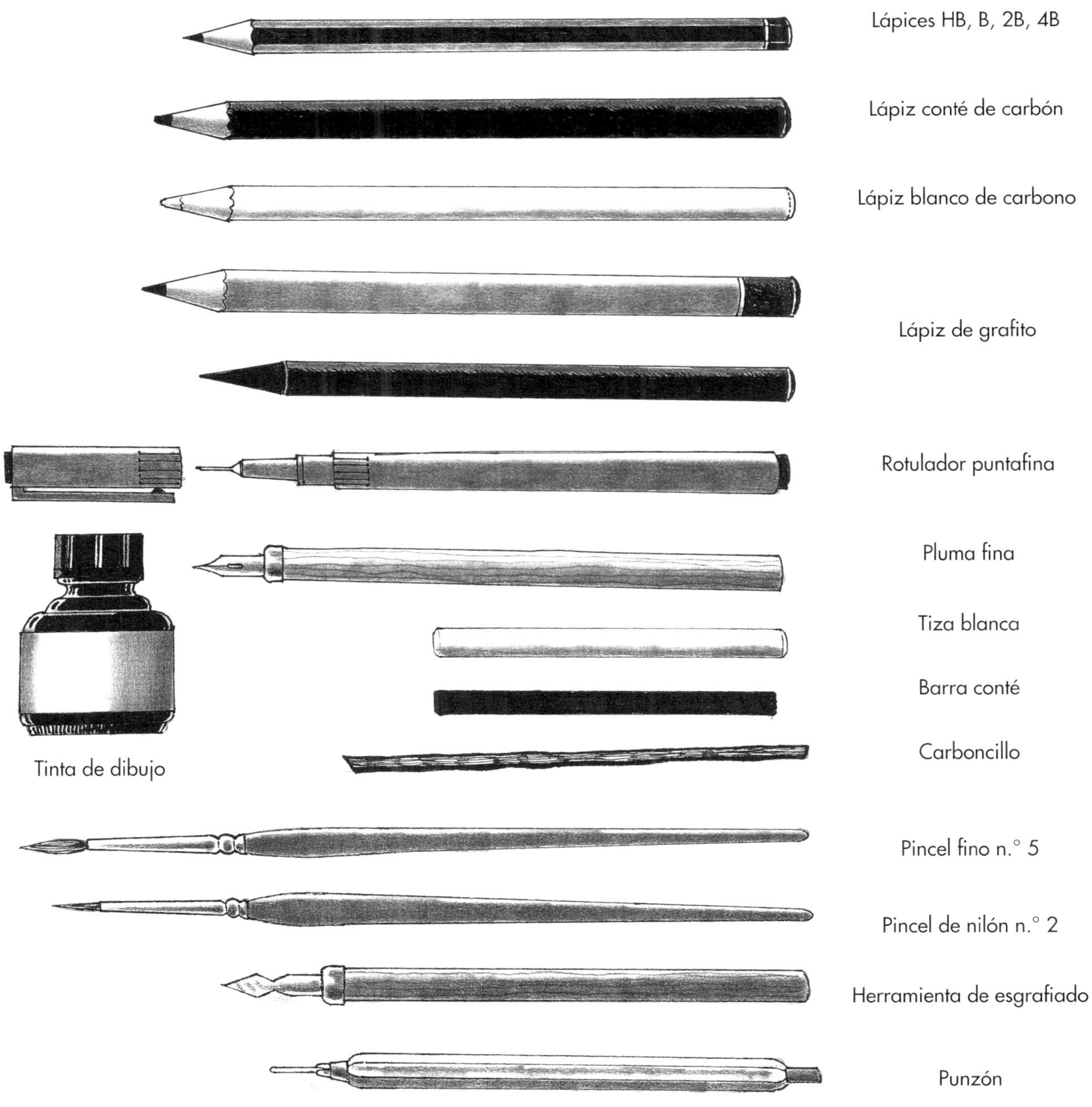

Lápices HB, B, 2B, 4B

Lápiz conté de carbón

Lápiz blanco de carbono

Lápiz de grafito

Rotulador puntafina

Pluma fina

Tiza blanca

Barra conté

Carboncillo

Tinta de dibujo

Pincel fino n.° 5

Pincel de nilón n.° 2

Herramienta de esgrafiado

Punzón

El mundo que nos rodea

Para empezar a dibujar paisajes, hace falta contar con una buena vista. Mira por la ventana. Tanto si vives en el campo como en la ciudad, encontrarás vistas que te interesen. Si tienes un jardín, sal y míralo. Si no, sal fuera de tu territorio personal, a la calle o a un parque. Cuando sepas apreciar que casi cualquier vista puede conformar un paisaje atractivo, lo mirarás todo con ojos renovados. Las tres vistas que muestro aquí son de la zona en la que rodea mi casa.

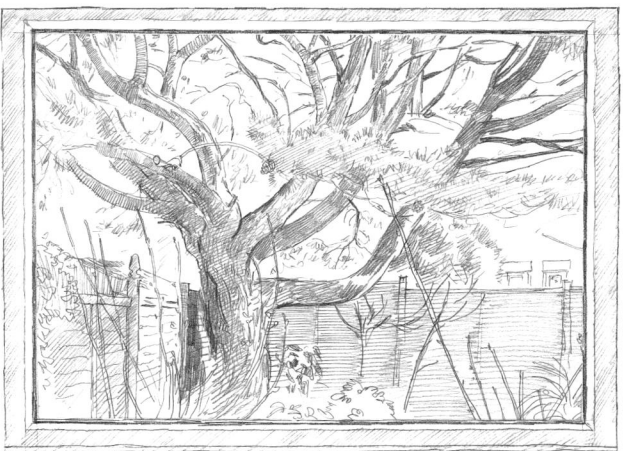

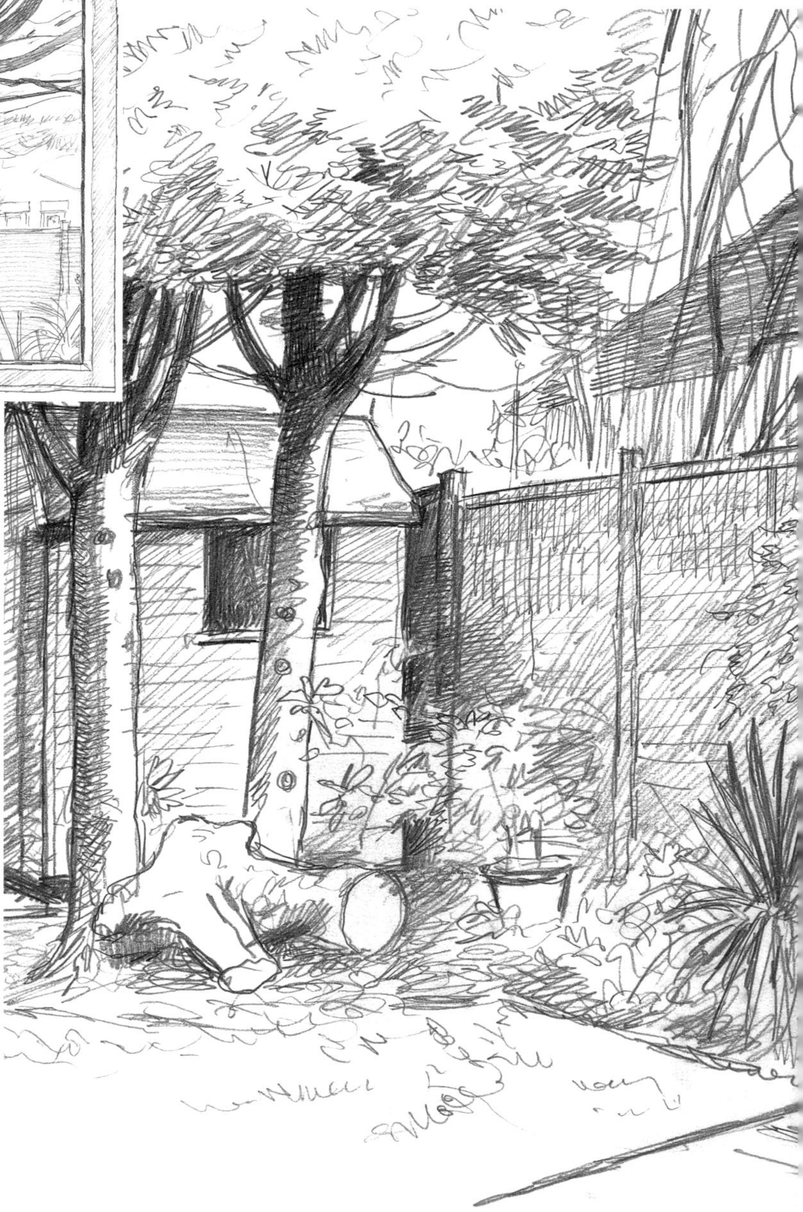

Cuando miro por la ventana hacia el jardín veo un gran pino de tipo mediterráneo. Es un árbol muy bonito que tapa la mayoría de los tejados de las casas que dan a la parte trasera del jardín. El marco de la ventana restringe de forma apropiada mi ángulo de visión de modo que obtengo una vista oblicua de las vallas de la izquierda adornadas por la hiedra trepadora. En la parte trasera del jardín hay una valla con algunos pequeños arbustos bajo un árbol. Hay plantas en la derecha, bajo la ventana y sus tallos me cortan la visión. Aparte de unos cuantos detalles de la casa que hay detrás de la nuestra, el paisaje se compone en esencia de un árbol y una valla así como de unas cuantas plantas pequeñas.

En esta vista exterior del jardín estamos alejando la mirada del pino. Detrás de la valla podemos ver el tejado de la casa de un vecino y algunos árboles de su jardín. En la esquina de mi propio jardín hay una cabaña pequeña con dos árboles pequeños enfrente y un tronco de leña a sus pies. El parterre a mano derecha está lleno de plantas, incluido un arbusto con hiedra que trepa sobre la valla. Más cerca, está el borde de la tarima de madera con unas macetas y unas cañas apoyadas en la valla. También se ve un pequeño rincón de césped. Los principales elementos de esta vista son la valla, dos árboles y una cabaña de madera.

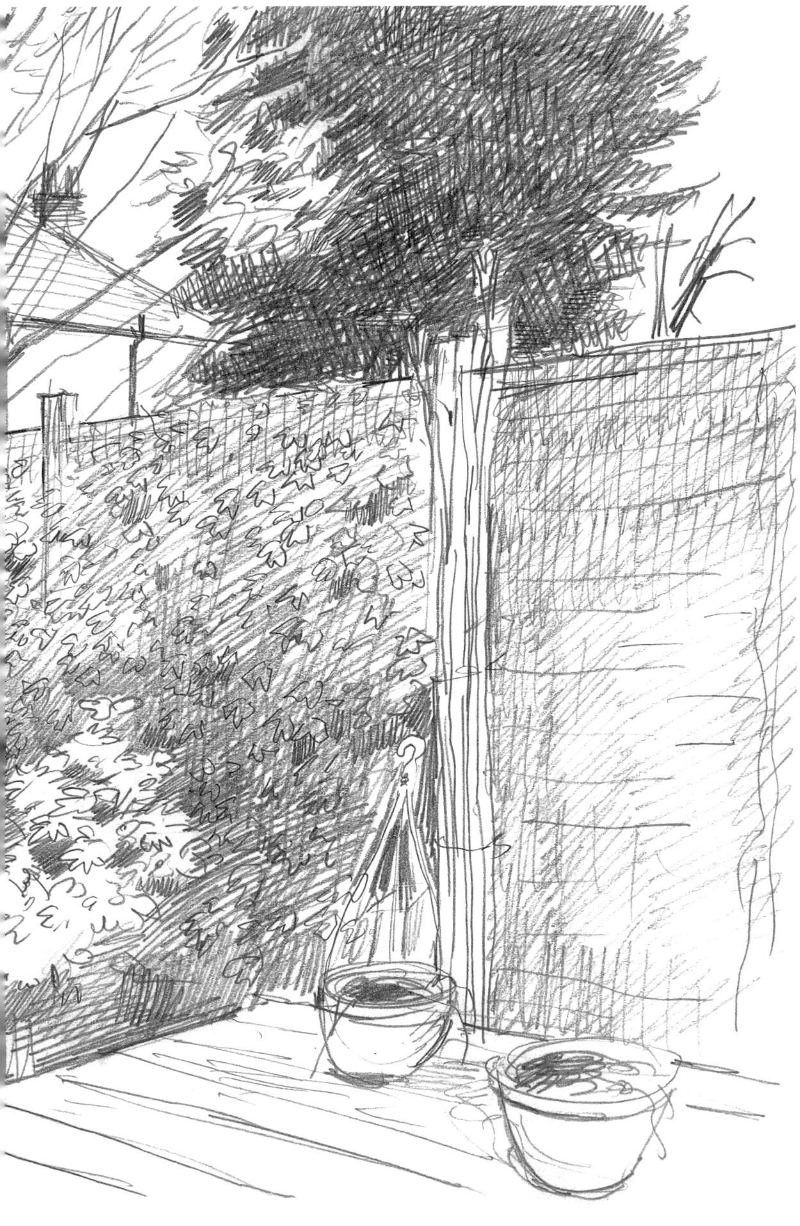

El tercer dibujo (abajo) es la vista desde la valla frontal de mi casa. Puesto que todas las casas de mi calle tienen jardines delanteros, hay una zona con muchos árboles, arbustos y césped antes de llegar a la carretera, de manera que se asemeja más a una zona campestre que no a una zona residencial. Vemos árboles con copas caídas a un lado y arbustos formando vallas y arbolitos en el otro lado, creando el efecto de un túnel de vegetación. El aspecto general de la perspectiva menguante del sendero y los arbustos a ambos lados de la calle aportan profundidad al dibujo. El sol ha salido, proyectando profundas sombras en el camino que se entremezclan con potentes rayos de luz. El efecto general es el de un paisaje con una profunda perspectiva en un terreno limitado.

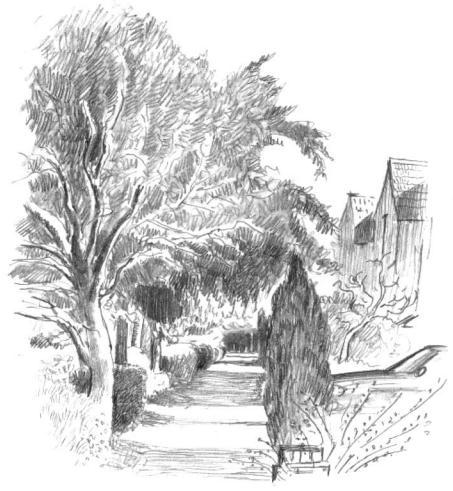

Enmarcar una vista

Una forma de hacerse una idea de lo que se va a dibujar cuando se está ante un paisaje es utilizar un marco. Los artistas a menudo cortan parte de la visión bloqueando los lados con las manos. El dibujo de la página 8 estaba aislado por el marco de la ventana, que ya resultaba muy apropiado. La mayoría de los artistas utilizan un marco en algún momento para limitar los bordes de visión y decantarse por una vista u otra, sobre todo cuando están ante paisajes muy amplios.

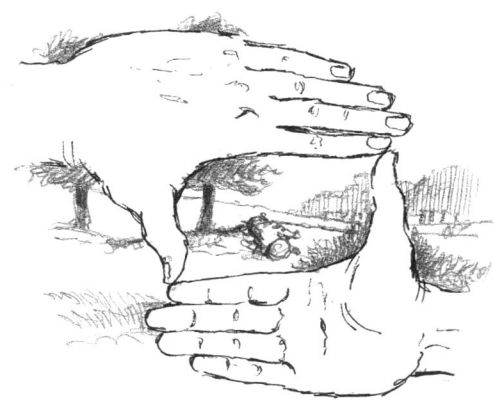

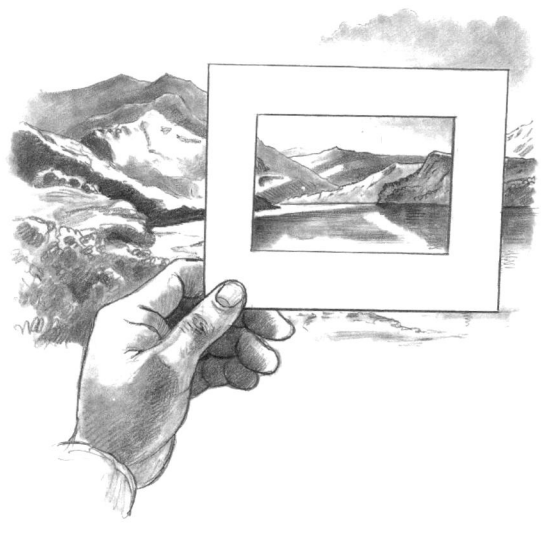

En el ejemplo de la izquierda, la vista del lago se reduce a una escena sencilla, aislando una parte de la visión. En el momento de dibujar un paisaje es importante empezar con una panorámica que consideres que eres capaz de dibujar. Verás cómo las formas clave quedan realzadas con el método del marco.

Cortando un rectángulo de cartón que no sea mucho más grande de 5 cm × 4 cm y sosteniéndolo frente al paisaje elegido, empezarás a controlar con exactitud lo que quieres dibujar. Muévelo más cerca para ver más y aléjalo para ver menos panorama. De esta forma podrás aislar las zonas que crees que conforman una buena composición y e ir graduando poco a poco a poco la elección de la imagen.

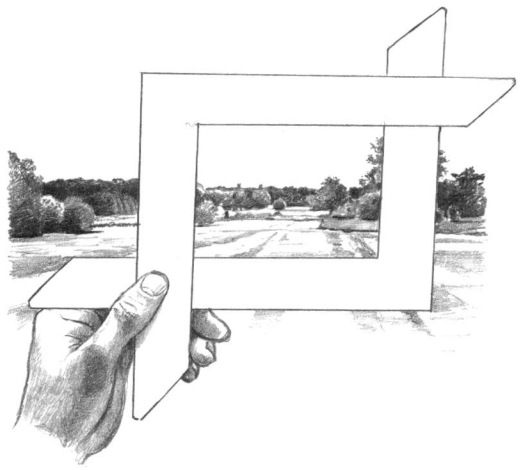

En este caso tenemos un marco más sofisticado compuesto por dos piezas de cartón que forman dos ángulos rectos. De esta manera podemos variar la proporción y la apertura para permitir mayor variación.

En algún momento tendrás que decidir qué tamaño va a tener tu dibujo. Empezar con algo pequeño e ir aumentando poco a poco el dibujo es lo más recomendable para quienes no tienen mucha experiencia. Lo ideal es tener una gama de cuadernos de dibujo a partir de los que elegir: pequeño (A5) para llevarlo a todas partes, mediano (A4) y grande (A3) para unos dibujos más detallados. La tapa del cuadernos de dibujo debería ser lo bastante rígida como para permitir que lo sostengas con una mano sin que se doble mientras dibujas.

Dibujar un paisaje en un cuaderno A5 es bastante práctico, pero limita la cantidad de detalles que se pueden dibujar.

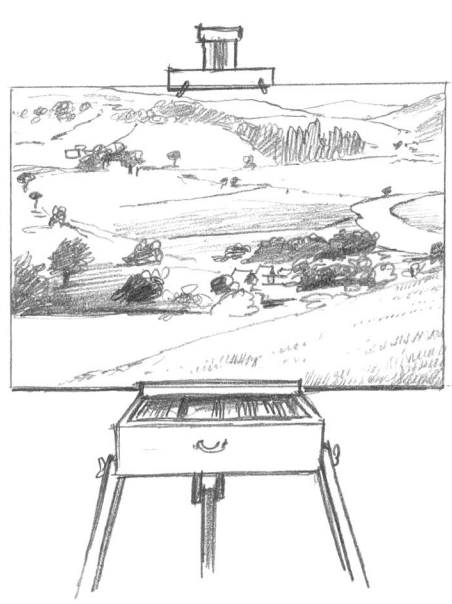

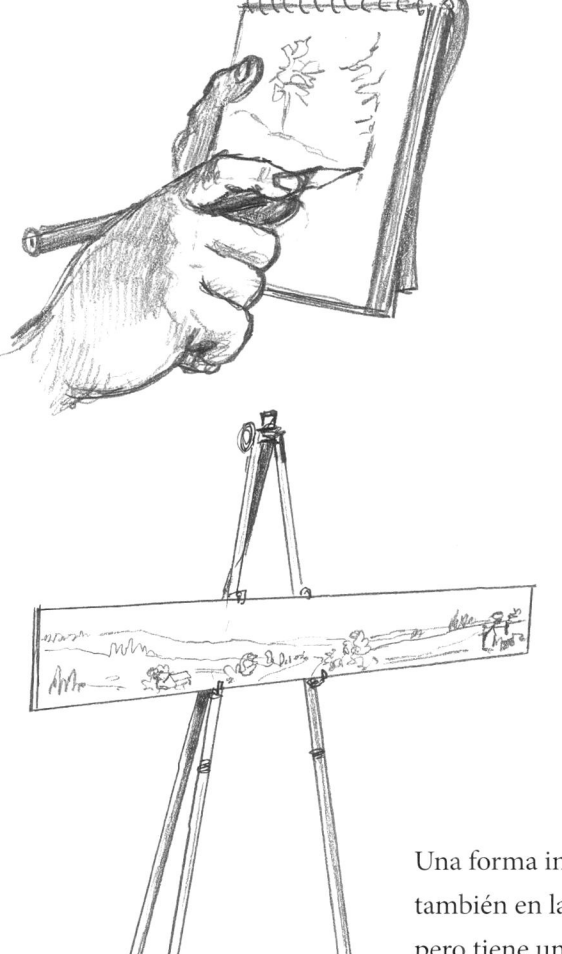

Cuando ya estés más seguro de ti mismo, prueba con un paisaje mayor y un tamaño de papel A2. Podrás poner la hoja en un caballete o apoyarla en una superficie apropiada.

Una forma interesante para los paisajes es la panorámica (ver también en la siguiente hoja) donde el papel no tiene mucha altura pero tiene una amplitud extensa. Este formato es idóneo para vistas lejanas observadas desde un punto alto.

////. Formatos paisajísticos

Simplificando, podemos decir que hay cuatro tipos posibles de paisajes que considerar en términos de tamaño y forma del dibujo que se va a abarcar. El paisaje puede ser grande y abierto o pequeño y compacto, alto y estrecho o muy ancho y sin mucho peso.

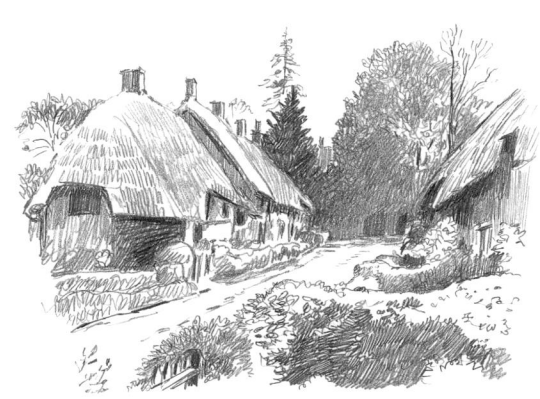

Pequeño y compacto

El énfasis aquí está en los detalles y las texturas del fondo con un elemento estructural en el centro y un fondo bien definido pero simplificado. La dirección de la luz ayuda en la composición, mostrando los efectos tridimensionales de la fila de cabañas al lado de una calle despejada con unos arbustos sólidos y unas paredes en el fondo. Hay que observar cómo las marcas del lápiz indican las diferentes texturas y materiales de los distintos elementos.

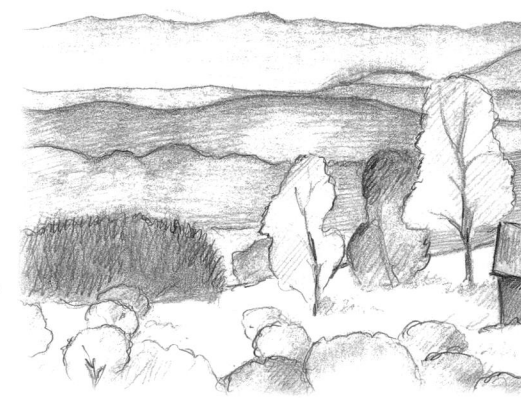

Abierto y ancho

El aspecto más impresionante de este ejemplo es la vista escultural y altamente estructural del paisaje. Se consigue gracias a mantener la simplicidad del dibujo. Hay que tener en cuenta que las texturas son bastante homogéneas y carecen de detalles individuales. El resultado es un paisaje que satisface nuestra necesidad de plasmar una vista panorámica.

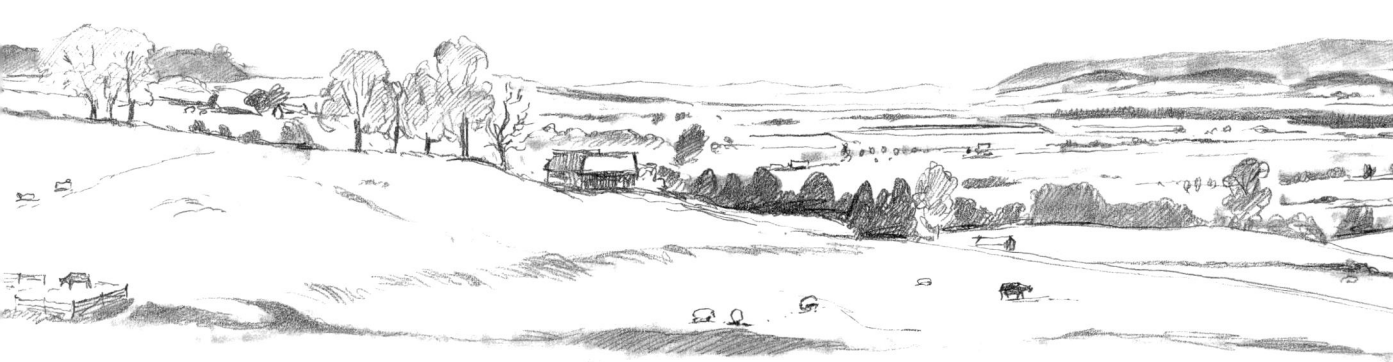

Esbelto

Puesto que la mayoría de los paisajes se dibujan en forma horizontal extendida, el formato vertical, por lo general, no resulta muy apropiado. Sin embargo, en algunos casos en los que el paisaje tiene más extensión en altura que en posición horizontal podría tener sentido, como ocurre aquí. Los elementos se muestran en capas: una carretera tortuosa que sube por una colina, con cipreses a los lados de la ladera, con gran definición. Detrás hay otra colina en dirección opuesta y, por encima, el cielo que se intuye a través de la niebla.

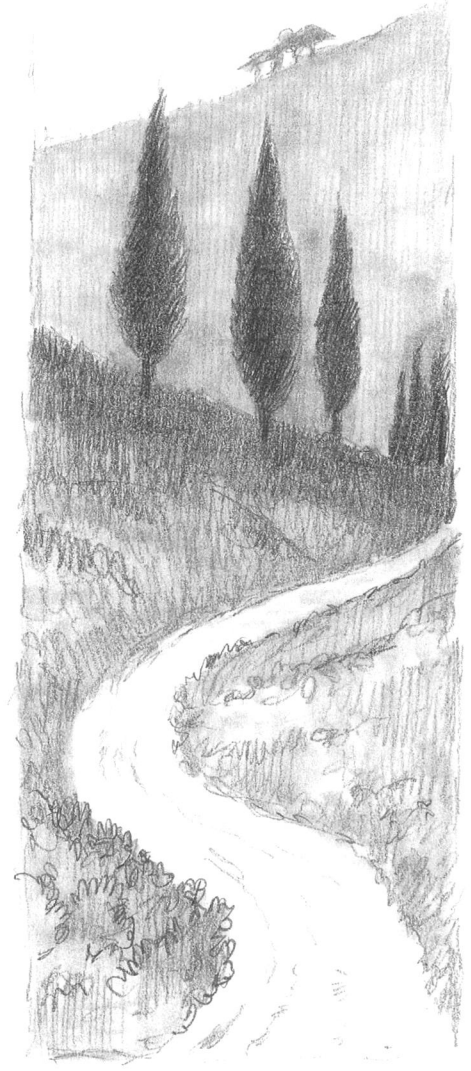

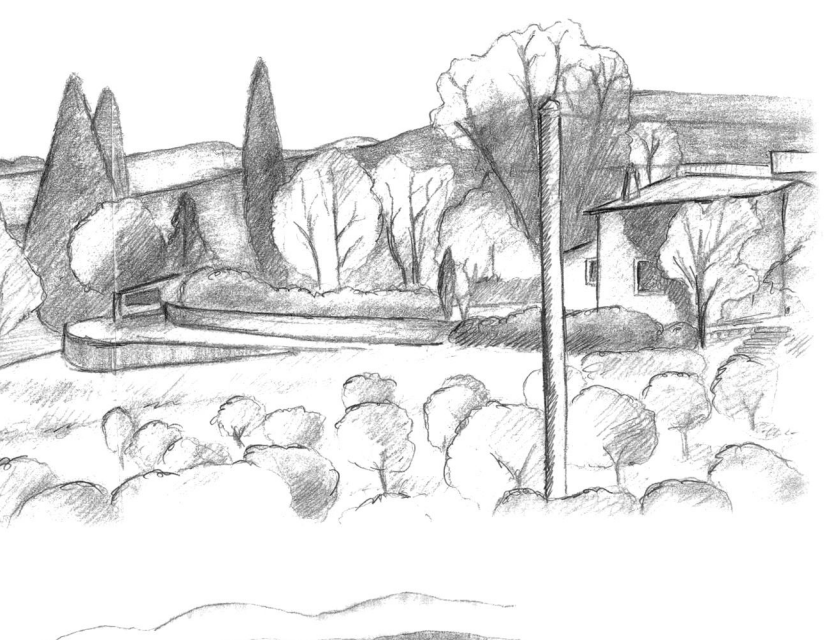

Panorámica

La base de una es la vista que se obtiene al rotar la cabeza unos 90 grados y cubrir un ángulo muy amplio de visión. Sin embargo, este tipo de formatos no es sencillo de dibujar porque hay que modificar el punto de vista y ajustar el dibujo sobre la marcha.

Tipos de perspectiva

Puesto que el ojo es una esfera, interpreta las líneas del horizonte y todas las verticales como curvas, algo que hay que tener en cuenta al dibujar, intentando no hacer una perspectiva demasiado ancha, ya que sino ocurrirían una serie de distorsiones. A continuación observaremos tres tipos de perspectiva, empezando por la más sencilla.

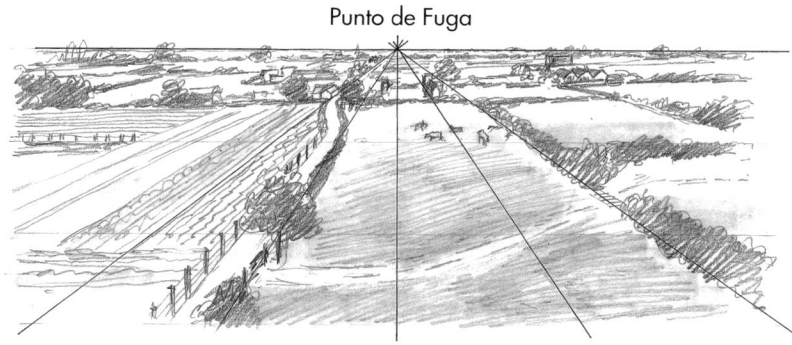

Punto de Fuga

Perspectiva de un único punto

El tipo de perspectiva más sencillo y obvio es el de un punto, donde todas las líneas del paisaje parecerán disminuir en un único punto enfrente de ti, en el horizonte, conocido como el punto de fuga.

Perspectiva de dos puntos

Cuando hay una altura y solidez suficiente en objetos cercanos (como ocurre con las casas) puede dar juego insertar dos puntos de fuga en los extremos opuestos de la línea del horizonte. Al utilizar una perspectiva de dos puntos se puede calcular el efecto tridimensional de las estructuras para darle al dibujo una solidez y una profundidad convincentes. La mayoría de los puntos de fuga quedarán demasiado lejos de tu línea del horizonte como para que puedas hacer con la ayuda de una regla que las líneas converjan dentro del dibujo. Sin embargo, si practicas dibujando bloques de edificios con dos puntos de fuga, enseguida podrás estimar las líneas convergentes con corrección.

PF1

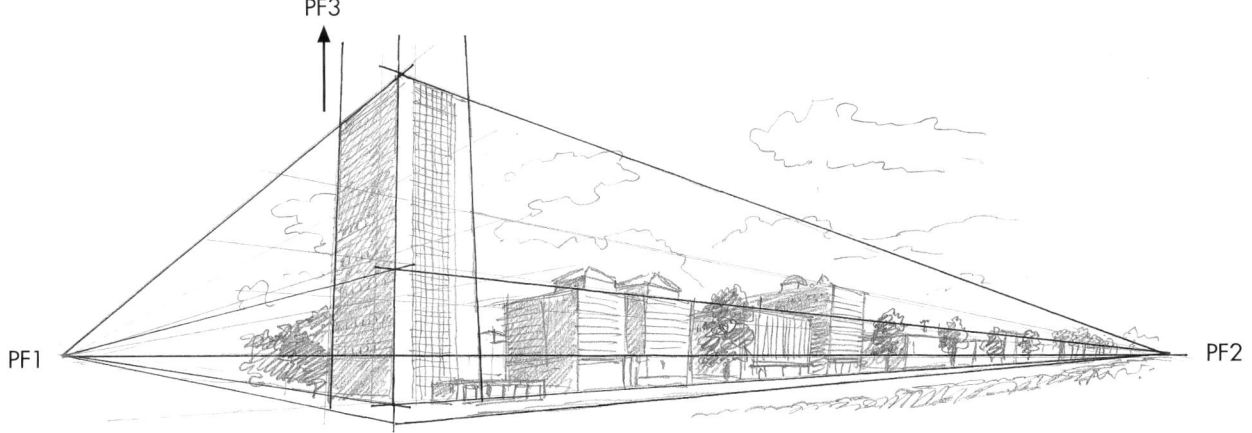

Perspectiva de tres puntos

Cuando hay que dibujar edificios que tienen un anchura y una altura considerables hay que emplear la perspectiva de los tres puntos. Los dos puntos de fuga del horizonte quedan unidos por un tercer punto fijado por encima de los edificios más altos para ayudar a crear el espejismo de una arquitectura esbelta. Hay que calibrar el punto de convergencia en el cielo. A menudo los artistas lo exageran para hacer que la altura del edificio parezca incluso más dramática.

El árbol en la mitad del terreno tiene menos textura e intensidad que el arbusto.

Los árboles a una distancia mayor están menos definidos y tienen una forma más general.

Las colinas del fondo son suaves y con una definición borrosa.

Perspectiva aérea

Otra regla de perspectiva, una de las más útiles a la hora de dibujar paisajes rurales, es que a medida que el objeto se aleja del espectador se vuelve menos definido e intenso. Por lo tanto, se necesita también dominar los contornos con una textura más ligera y unas tonalidades más suaves para dibujar los objetos alejados. Estas técnicas también ayudan a engañar al ojo para convencerle de que está mirando un paisaje con profundidad cuando, en realidad, está mirando una superficie plana.

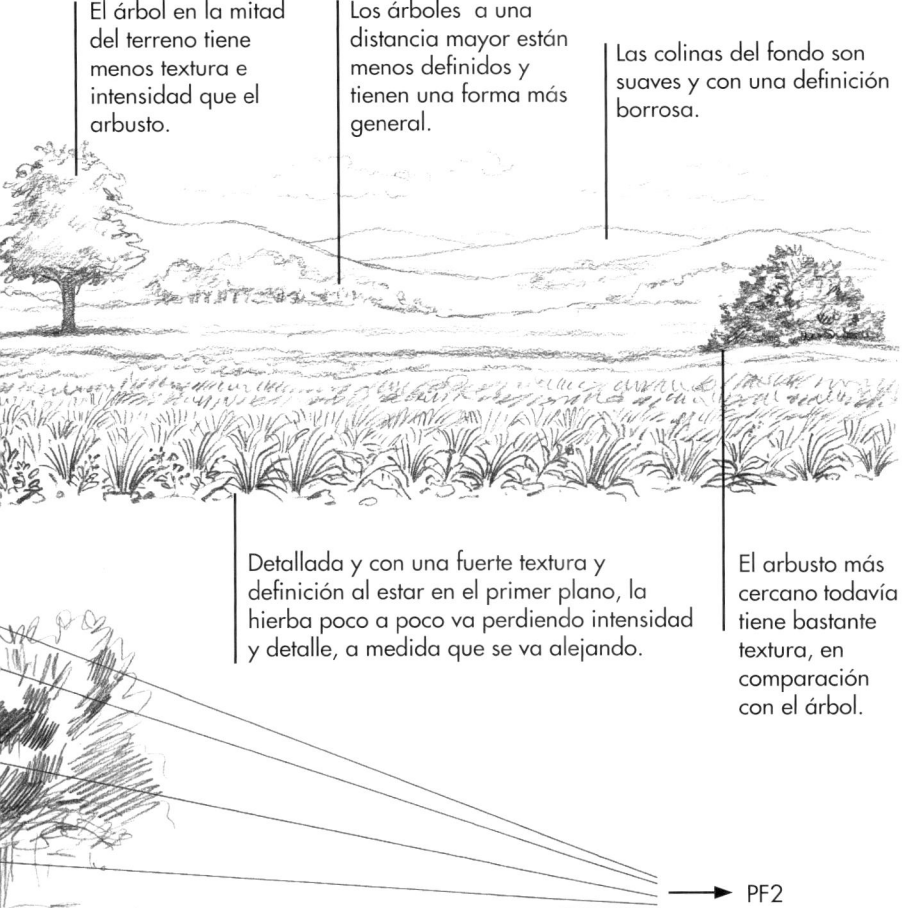

Detallada y con una fuerte textura y definición al estar en el primer plano, la hierba poco a poco va perdiendo intensidad y detalle, a medida que se va alejando.

El arbusto más cercano todavía tiene bastante textura, en comparación con el árbol.

15

//// Puntos de vista

Encontrar un paisaje para dibujar puede llevar mucho tiempo. Ha habido días en los que he tardado más tiempo en buscar el lugar apropiado que en pintarlo. No obstante, que no se te ocurra ni pensar que estás perdiendo el tiempo, ya que si te limitas a plasmar el primer paisaje con el que te encuentres puede que estés dejando pasar magníficas oportunidades. Hacer un trabajo de campo siempre vale la pena. Veamos distintos puntos de vista y las oportunidades que le ofrecen al artista.

Una vista en una perspectiva que va alejándose como una carretera, un río, unos setos o una avenida o incluso una acequia casi siempre permite un resultado efectivo. El cambio de tamaño aporta profundidad y hace que los paisajes sean muy atractivos.

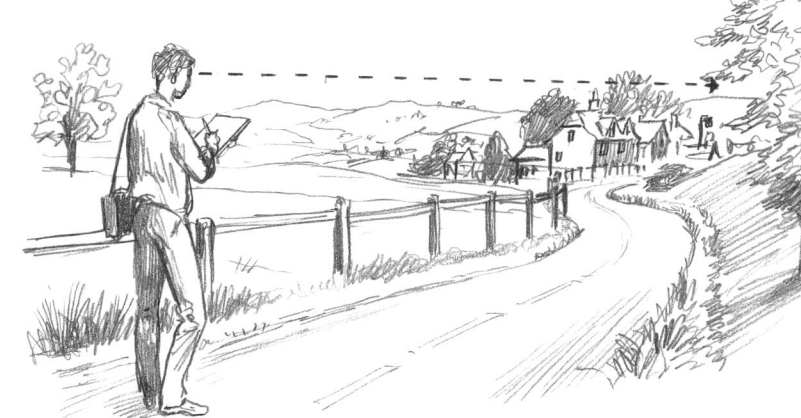

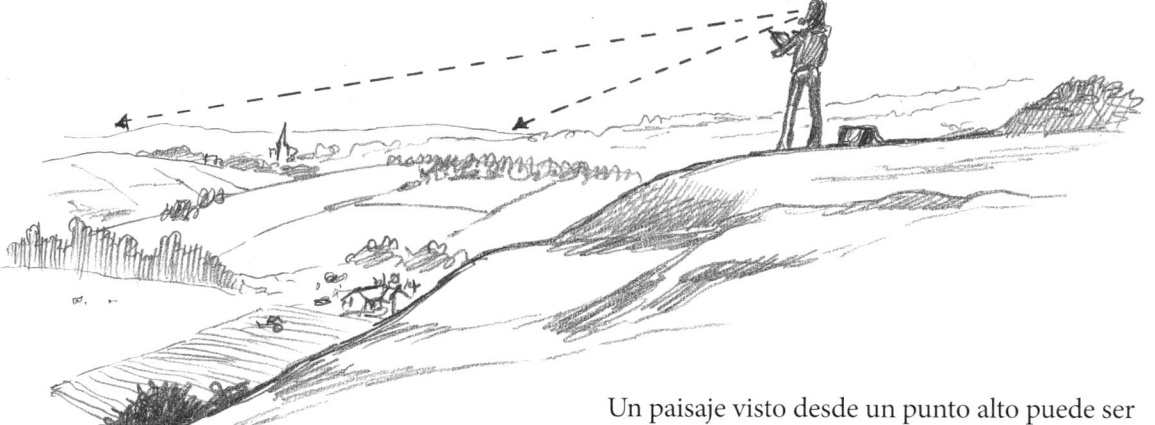

Un paisaje visto desde un punto alto puede ser atractivo, aunque no siempre fácil de dibujar. Busca un punto alto que te ofrezca una vista a través de un valle u otros puntos altos a distancia. A partir de esta perspectiva, se va revelando el paisaje poco a poco ante el espectador. Si intentas este enfoque tendrás que calcular el tamaño de los edificios, los árboles y las laderas de las colinas con detenimiento para garantizar que el efecto de la distancia se palpe en tus obras.

Editar tu punto de vista

No tienes que dibujar con rigor todo lo que estés viendo con los ojos. En ocasiones puede interesarte incluirlo todo pero en otras ocasiones puede que te sobre alguna parte. Si no puedes cambiar el punto de vista para eliminar todo aquello superfluo, sencillamente no lo dibujes. Los siguientes dos dibujos muestran una escena antes y después de «editarla».

En esta vista, hay un poste de teléfonos y unos cables, un gran árbol y un coche aparcado al lado de la carretera que complican lo que de otro modo sería un paisaje atractivo.

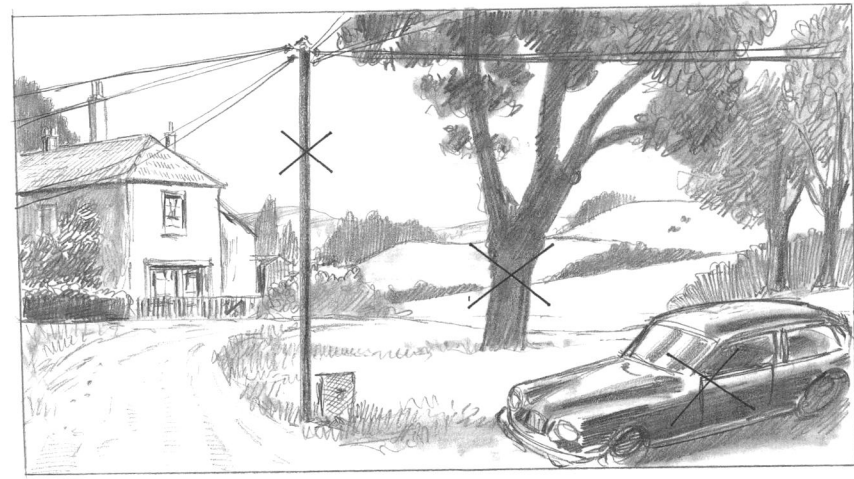

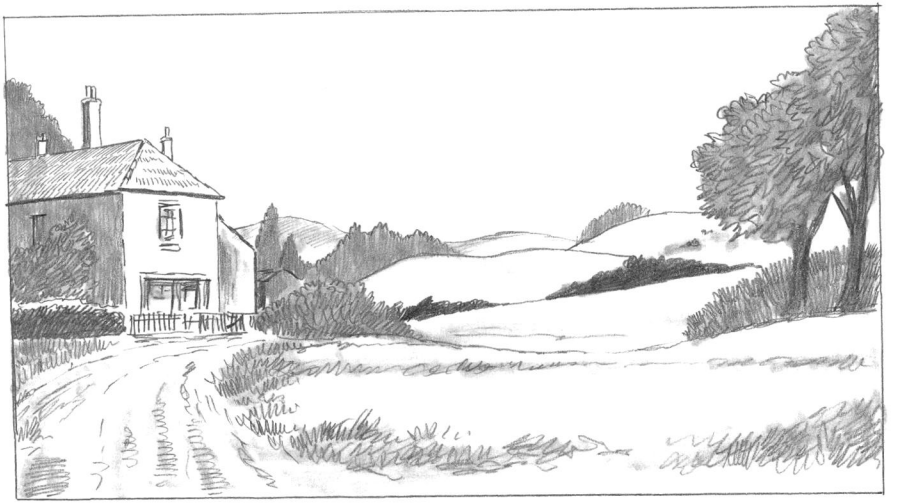

Elimina los objetos que te interesen y quédate con un bonito paisaje de una casa de campo y un sendero y solo un par de árboles en el lado derecho.

/// Un paisaje cerca de casa

Ahora quiero que elijas un paisaje cerca de donde vives. Elige un día en que haga buen tiempo para no tener que preocuparte ni del viento ni de la lluvia. La idea es que todo sea lo más fácil posible en tu primer intento de dibujar un paisaje real.

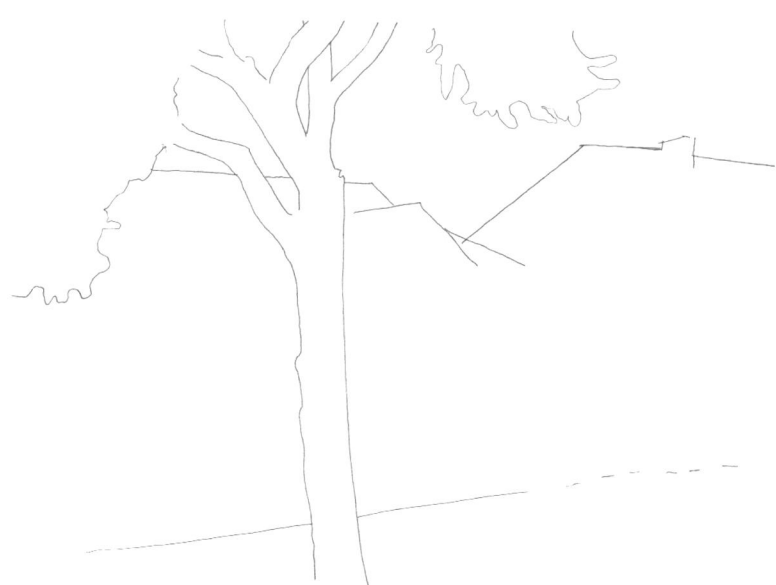

1. A continuación tendrás que decidir qué quieres dibujar. Yo tuve suerte de contar con un gran árbol que dividía la escena en un tercio del dibujo, y el sol era mucho más fuerte en el lado derecho del dibujo que en el lado izquierdo. Primero dibujé la forma del árbol y después la línea de los tejados.

2. Empecé a añadir el contorno de los elementos, trabajando primero en el lado izquierdo y después concentrándome en los detalles de la derecha. Estas marcas muestran los bordes y las esquinas de las casas y las vallas y ayudan, sin duda, a la definición del dibujo final.

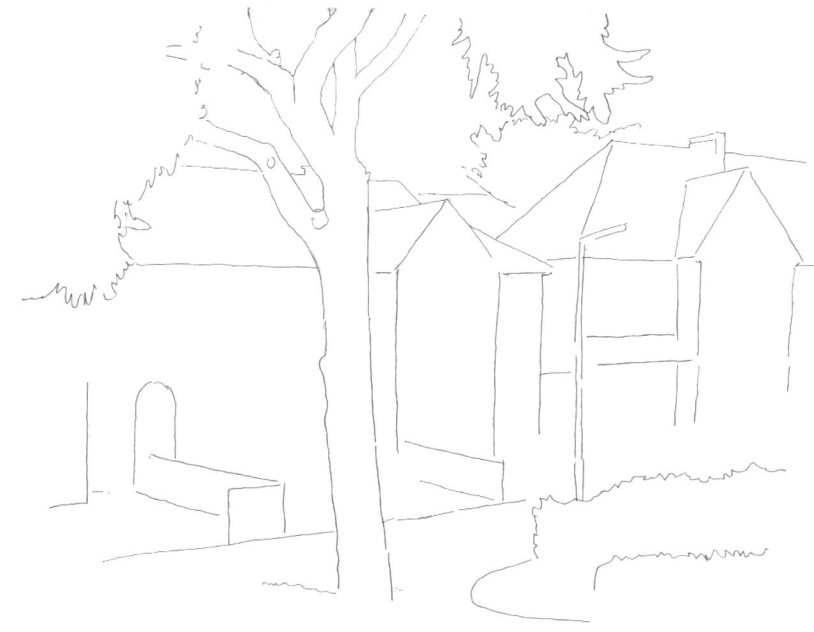

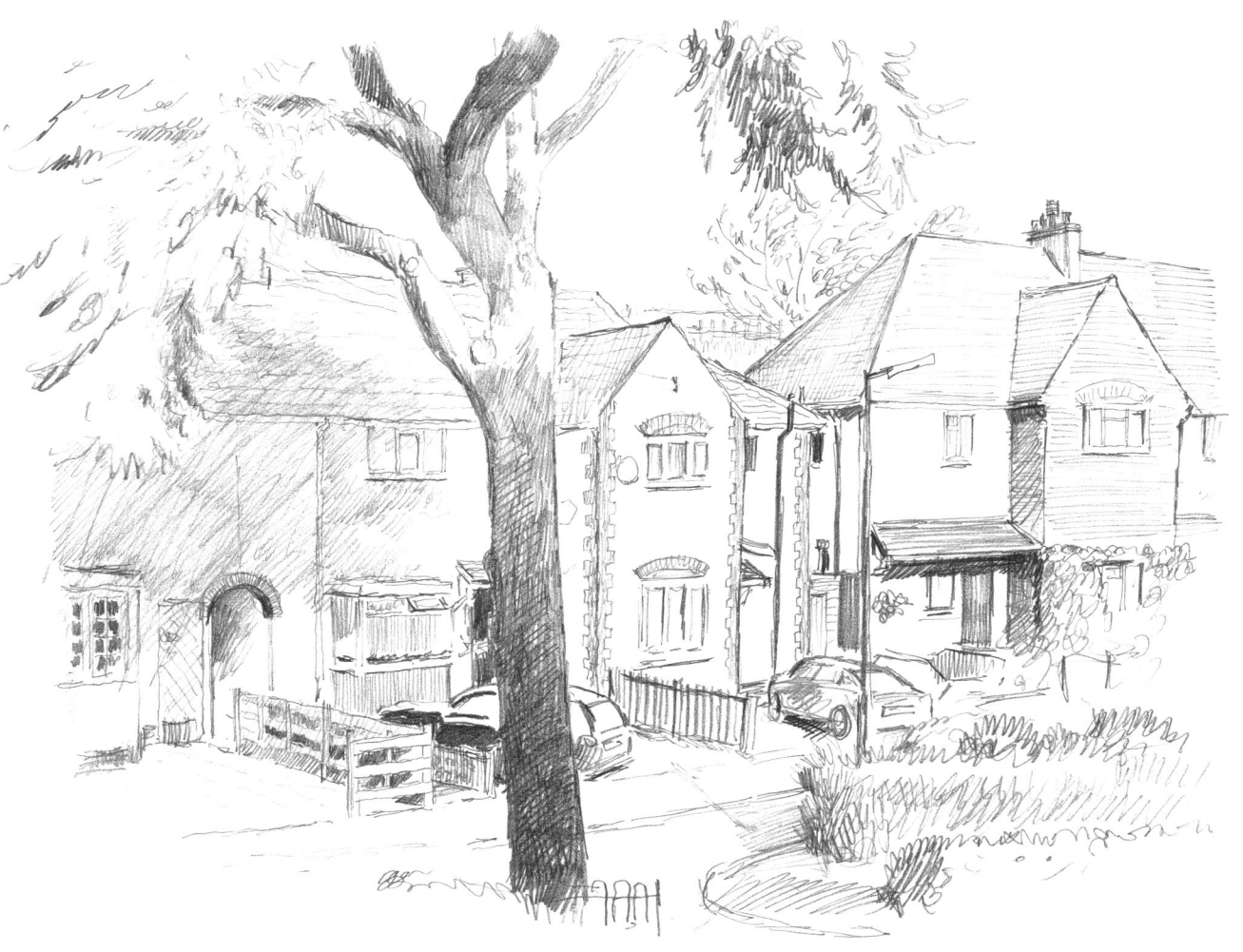

3. Cuando se trata de describir la solidez de los edificios y el tronco, hay que utilizar técnicas de sombreado para dotarlos de cualidades de textura. Por ejemplo, las tejas del tejado resultan más convincentes si si aplica el tono con trazos horizontales con una ligera ondulación que sugiera el borde de las tejas. La vegetación, como ocurre con los setos que tenemos casi en primer plano, puede hacerse mediante unos garabatos ondulados para sugerir una variedad de texturas de hojas. Haz unas marcas en el tronco un poco rotas para sugerir la dureza de la corteza. Cada zona de sombreado podrá reforzar la calidad de los elementos del dibujo de esta manera.

Dividir un panorama

Aquí vamos a estudiar cómo enfrentarse al dibujo de un paisaje más ambicioso. Un panorama grande puede ser muy abrumador para un artista inexperto que lo observa con la intención de realizar una composición. Parece que hay demasiados aspectos que tener en cuenta.

Lo primero que tienes que recordar es que no tienes por qué dibujar todo lo que estás viendo. Utiliza un marco (ver página 10) para seleccionar una parte del paisaje y concentrarse solo en esa zona. Eso es lo que he hecho con el dibujo que muestro aquí, dividiéndolo en tres zonas distintas y separando las composiciones. En la siguiente página analizaremos cómo valorar los dibujos individuales.

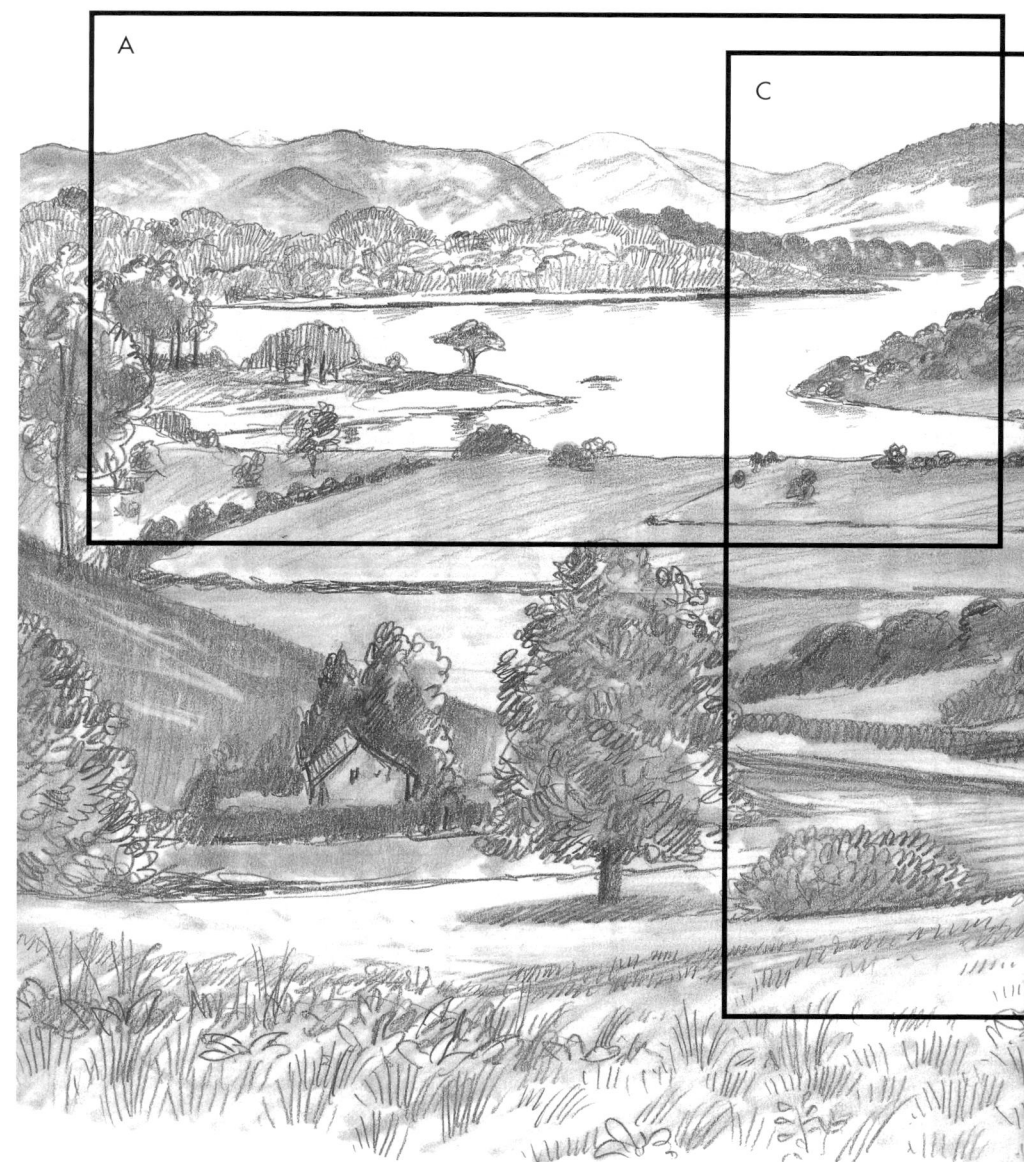

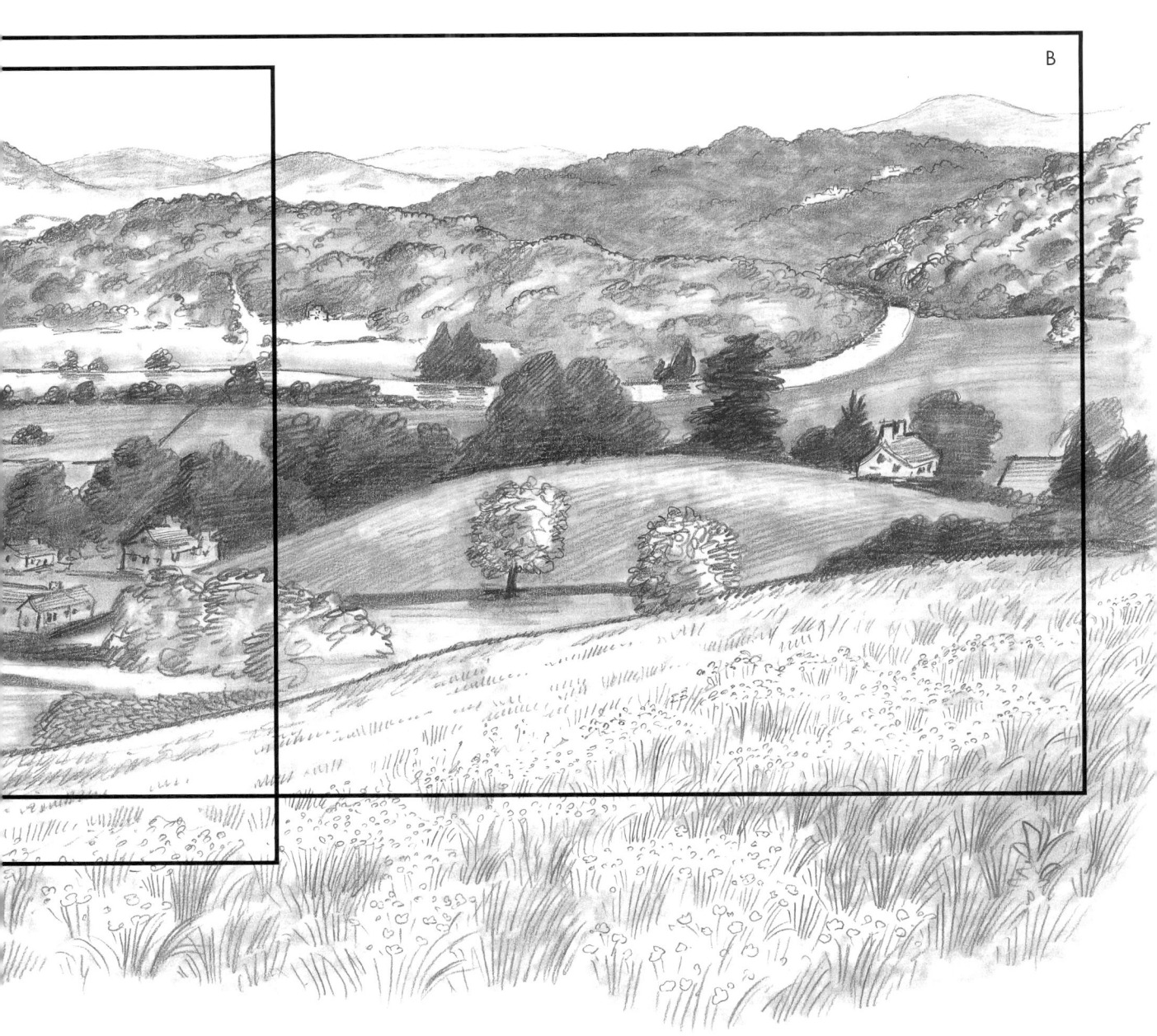

Elegir una vista

He extraído tres vistas de un paisaje grande de la página anterior que me parecen válidas. Lee la información detallada sobre cada una de ellas para averiguar cómo funciona su composición.

A. El rasgo principal en esta parte del paisaje es una gran extensión de agua que se extiende a través de toda la composición. Las grandes colinas del fondo aportan un telón de fondo ante el paisaje abierto que se encuentra en la parte más cercana del agua. Dos entrantes de tierra sobresalen a cada lado justo antes de llegar a la zona de campos abiertos, con algunos arbustos y árboles.

A

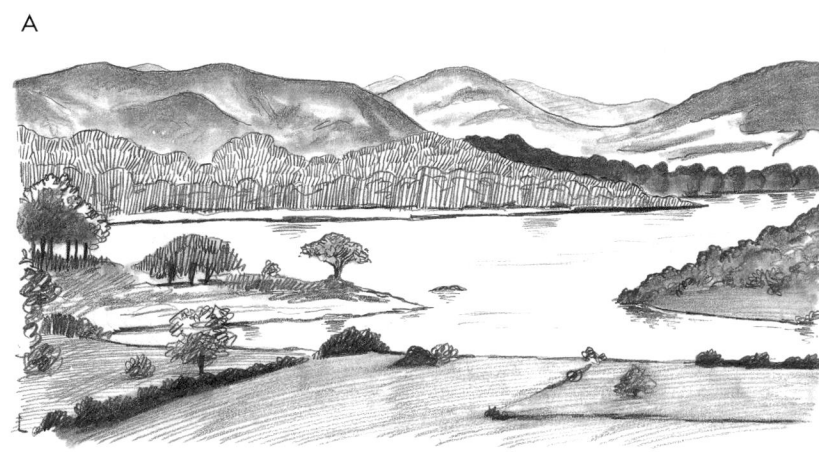

B

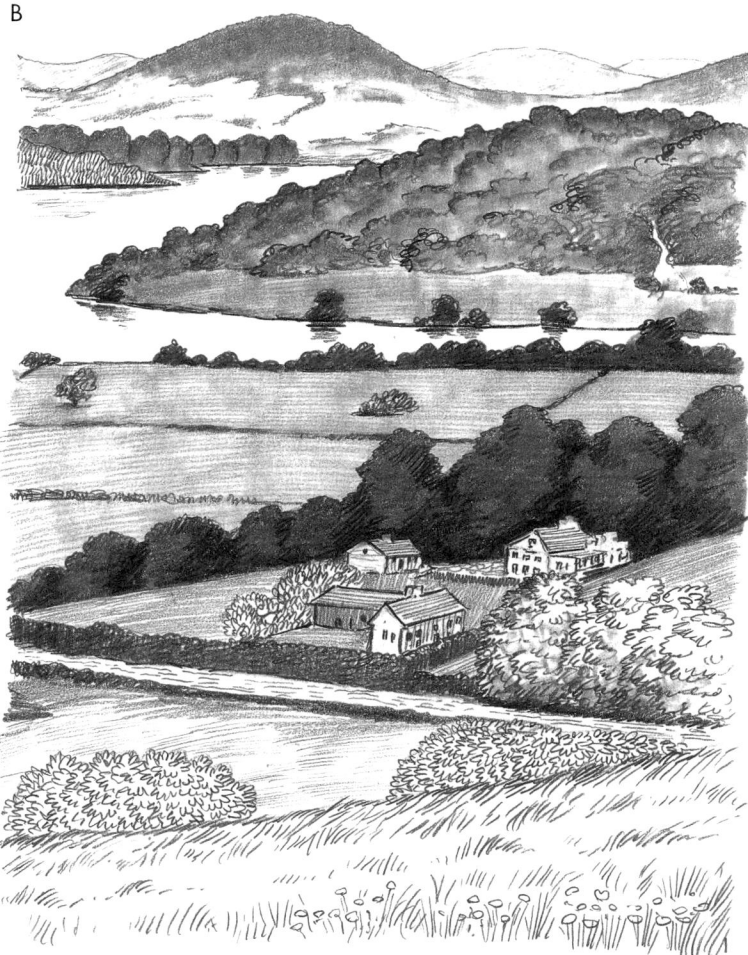

B. Con un formato más vertical, esta composición nos aporta una idea del agua abierta que hay detrás del tramo de río que podemos ver en el punto medio. El fondo, muy amplio, contiene arbustos, árboles, matorrales y casitas de campo. La colina, cubierta por árboles, al otro lado del río ofrece el contraste necesario, y la ladera, más cerca del espectador, aporta dimensión. Las colinas más distantes ofrecen un telón de fondo excepcional.

C

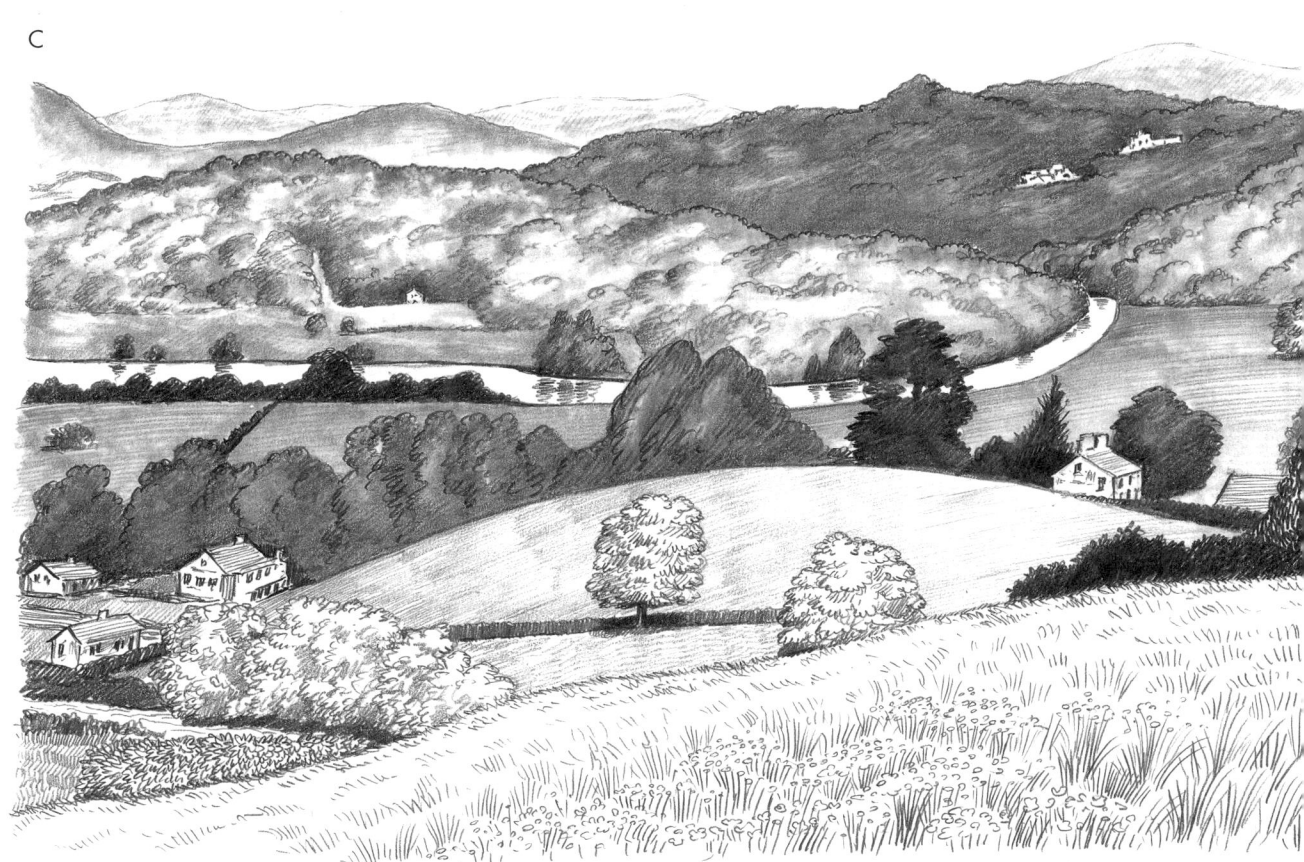

C. Aquí tenemos una serie de elementos dispuestos de forma horizontal que se van alejando en la composición. En primer plano tenemos la ladera de una colina que va de derecha a izquierda. Justo detrás hay una colina baja con una cima redondeada rodeada por árboles y en la esquina inferior izquierda vemos algunas cosas. Detrás de la colina baja está el río, que se curva y desaparece en las orillas arboladas de la derecha. Las orillas desaparecen entre colinas boscosas y detrás vemos otra capa que muestra una colina más grande con árboles más oscuros con un par de pueblos o casas a la derecha. En el extremo superior izquierdo vemos cómo las capas de colinas se van sobreponiendo hasta desaparecer en la distancia.

Elementos del paisaje

Ahora que ya hemos visto las formas en las que se pueden tratar la estructura y el formato de un paisaje, vamos a analizarlo más de cerca, centrándonos en los principales elementos que conforman el mundo natural y cómo pueden dibujarse para construir un paisaje convincente.

Tierra

Al dibujar las rocas sólidas que conforman la superficie del mundo, puede ser instructivo pensar primero en algo pequeño e ir aumentando el tamaño. Toma un puñado de tierra o gravilla y llévatelo a casa para escrutarlo de cerca y, a continuación, proponte dibujarlo con todo lujo de detalles. Verás que esas piedras diminutas de material irregular son en esencia rocas en miniatura.

Si te propones dibujar un afloramiento de rocas al lado del mar o en la orilla de un río, será parecido a dibujar las pequeñas piezas de gravilla pero a una escala enorme. Es como si las piezas de gravilla se hubiesen agrandado. Hallarás una similitud en la mezcla de formas y tamaños.

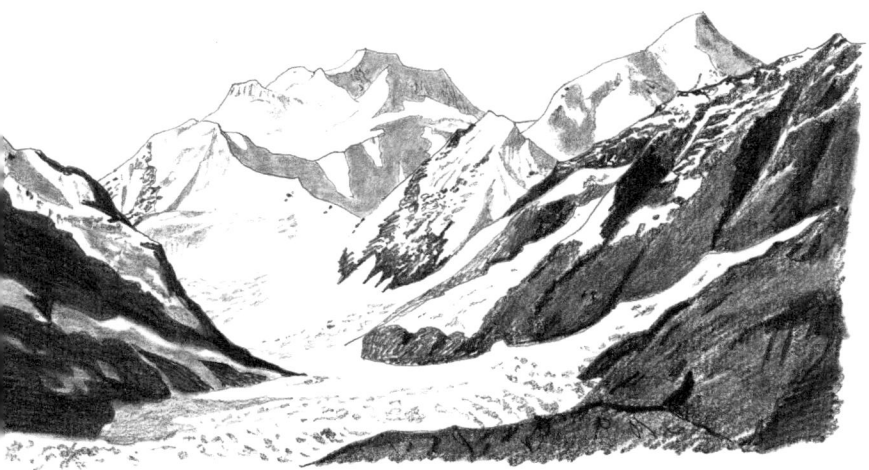

Un paso más allá consiste en visitar una zona montañosa y observar la tierra en su máxima expresión, en su forma más monumental. Este ejemplo tiene la calidad añadida de contar con cotas de nieve, de modo que muestra con una maravillosa simplicidad estructuras de hielo que contrastan con las rocas oscuras.

Ahora, observa este acantilado, con sus grietas y
estrías formadas por las capas geológicas. Algunas
están parcialmente ocultas por las plantas pero,
aun así, muestran la estructura con claridad.

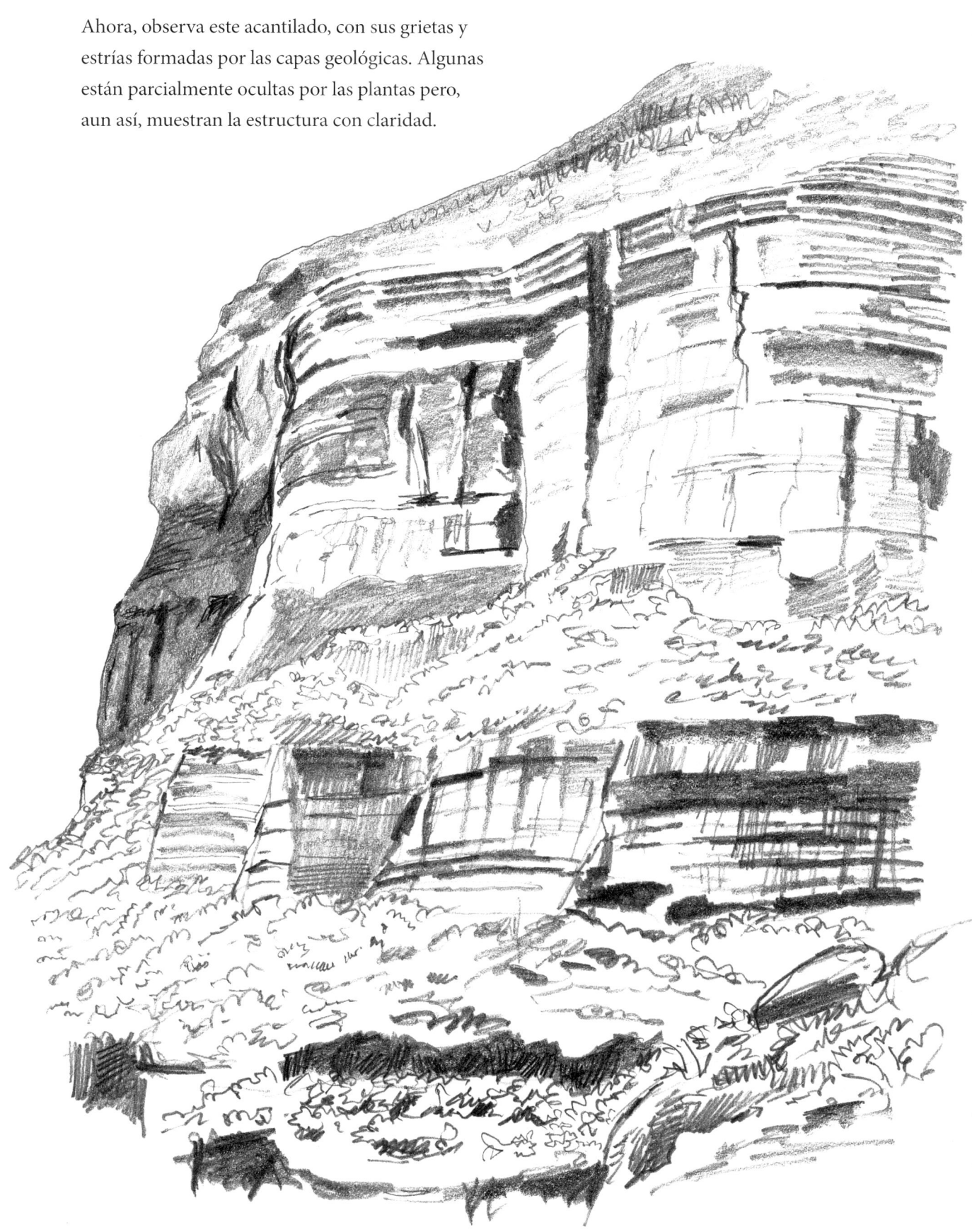

Agua

El carácter y la personalidad del agua cambia dependiendo de cómo se vea afectada por el movimiento y la luz. Aquí observaremos el agua en diversas formas que presentan problemas de índole muy distinta a artistas, y también provocan efectos muy diversos en los espectadores. Para entender cómo puedes captar estos efectos tendrás que realizar un estudio de campo, ayudándote de evidencias fotográficas y persistiendo en la observación y en el dibujo.

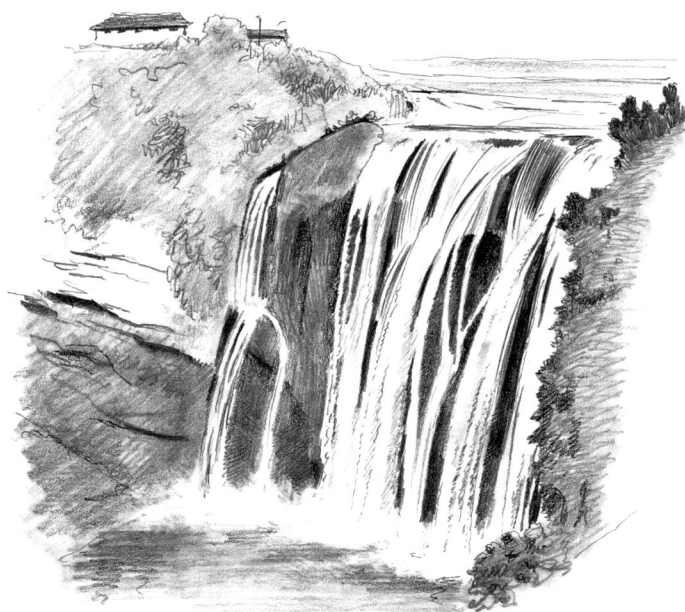

Una cascada es una forma de agua inmensamente poderosa. La mayoría de nosotros no tenemos cerca ejemplos tan magníficos de la naturaleza como el de este ejemplo. Desde luego, para poder dibujarla hay que adoptar cierta distancia. Este dibujo ha captado bien su naturaleza, esencialmente porque la zona del agua no se ha trabajado en exceso, sino que la he dejado en gran parte en blanco dentro de las rocas, los árboles y demás vegetación que la rodean. Los tonos oscuros de la vegetación realzan las formas del agua.

A menos que estés dibujando a partir de una fotografía, te será casi imposible dibujar el efecto de una enorme ola rompiéndose en la área.

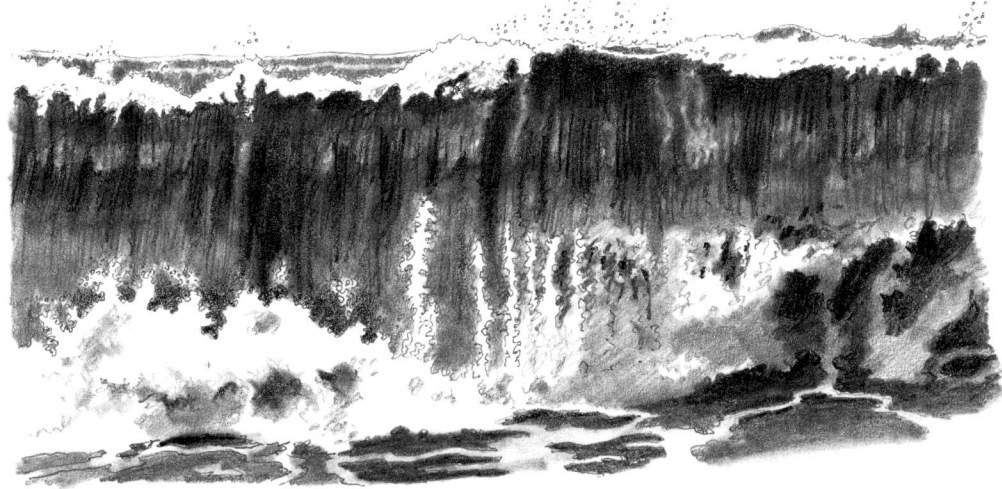

Leonardo da Vinci hizo muy buenos intentos de describir el movimiento de las olas en sus dibujos, pero de una forma más diagramática.

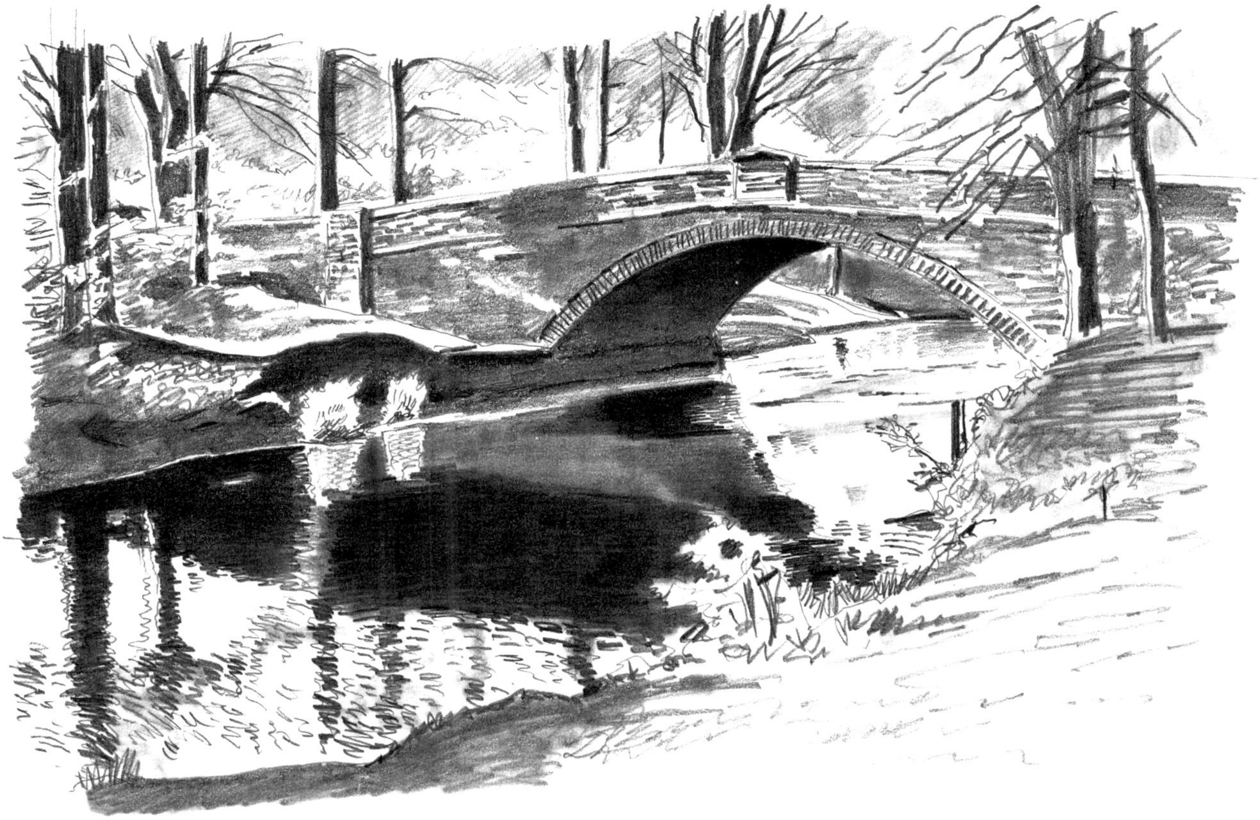

Puesto que la mayoría vivimos en un entorno urbano, este tipo de agua nos resulta mucho más común, pero aún así requiere gran trabajo por el efecto del reflejo. Su superficie puede parecer plana, pero normalmente se levanta un poco de brisa o hay pequeñas corrientes que provocan pequeños movimientos en el agua. Visto desde un ángulo oblicuo aportan un efecto un poco roto en los bordos de los objetos que se reflejan en el agua. Cuando dibujes una escena similar tendrás que dejar los bordes de cada gran tono reflejado un poco rotos o borrosos para simular el efecto ondulante del agua.

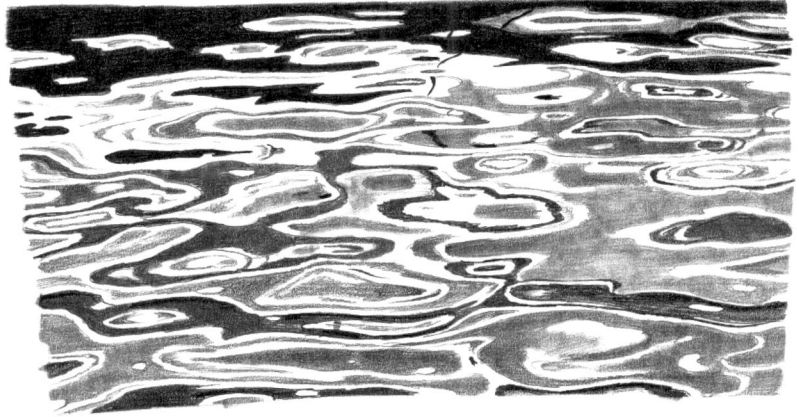

En este dibujo más detallado de una zona de agua con un movimiento suave, parece que hay tres tonos para mostrar las suaves formas elípticas que se producen en la superficie. No es un ejercicio fácil pero te enseñará cómo observar la superficie del agua.

El cielo: utilizar el espacio

Las formas caprichosas de las nubes y los espacios que se forman entre ellas pueden alterar el sentido por completo del tema que hemos elegido como paisaje. El elemento aéreo nos aporta tantísimas posibilidades que podemos hallar formas muy diversas para sugerir espacio y visiones abiertas. Compara estos ejemplos.

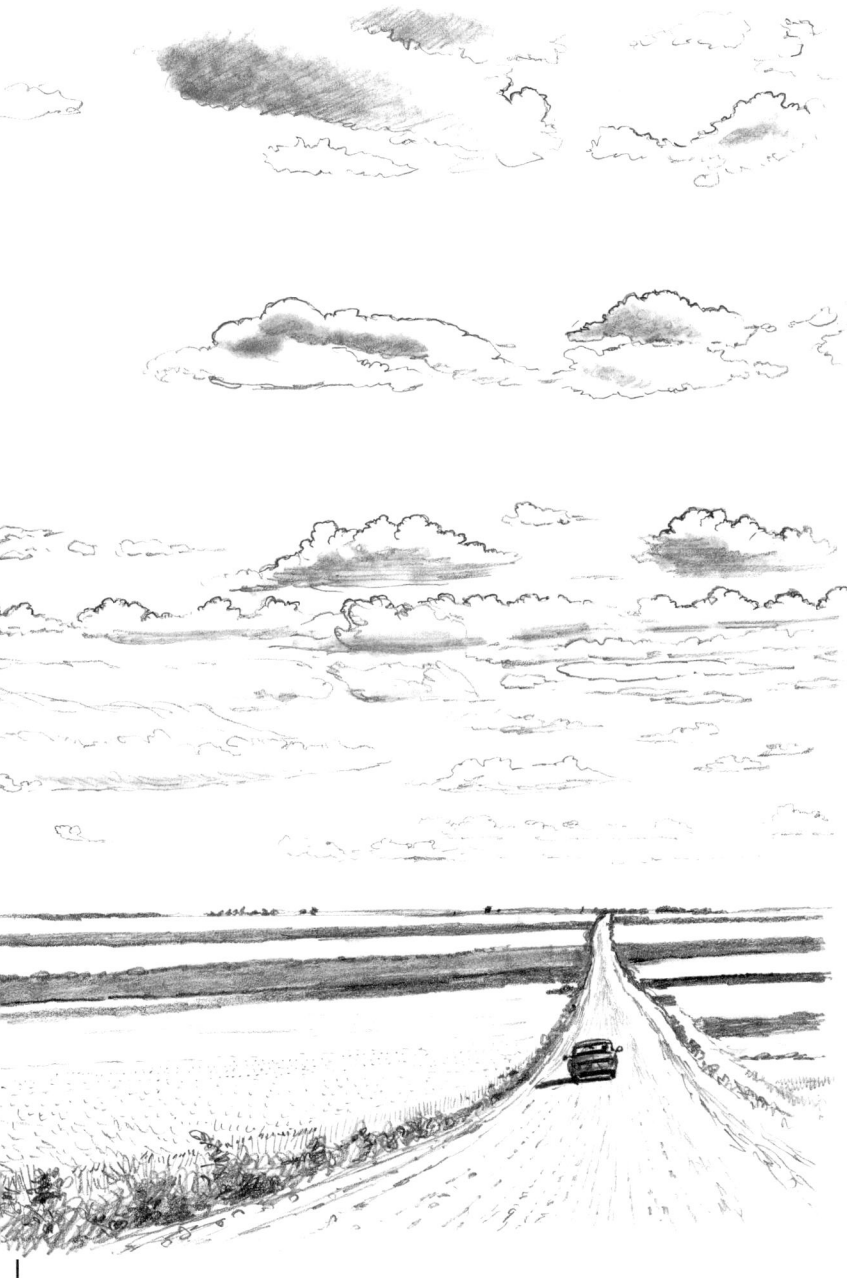

Este paisaje abierto con unas nubes flotando nos aportan indicaciones de cómo el espacio y el paisaje pueden interrelacionarse. El cúmulo esponjoso de nubes flotando con ligereza en el cielo parece unirse antes de ir desapareciendo en el horizonte de la pradera. La perspectiva de un único punto de fuga de una larga carretera recta y el coche en la mitad de la distancia nos muestran cómo leer el espacio al aire libre.

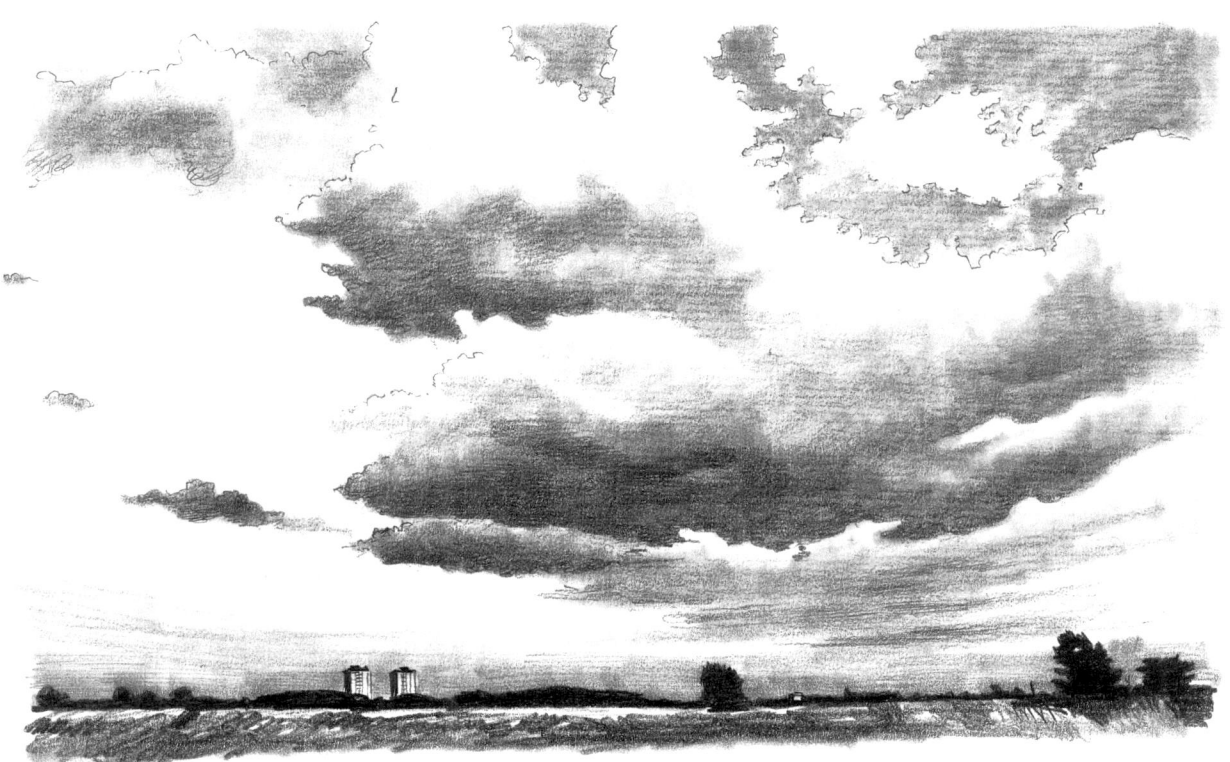

Otra visión del aire y el espacio queda ilustrada aquí: un cielo de nubes irregulares blancas y grises y un sol que brilla distante en los edificios del horizonte de un plano núcleo suburbano. Hay que prestar especial atención al horizonte, muy bajo, con unas nubes que en la parte baja son más oscuras y después van aclarándose a medida que se sube de altura.

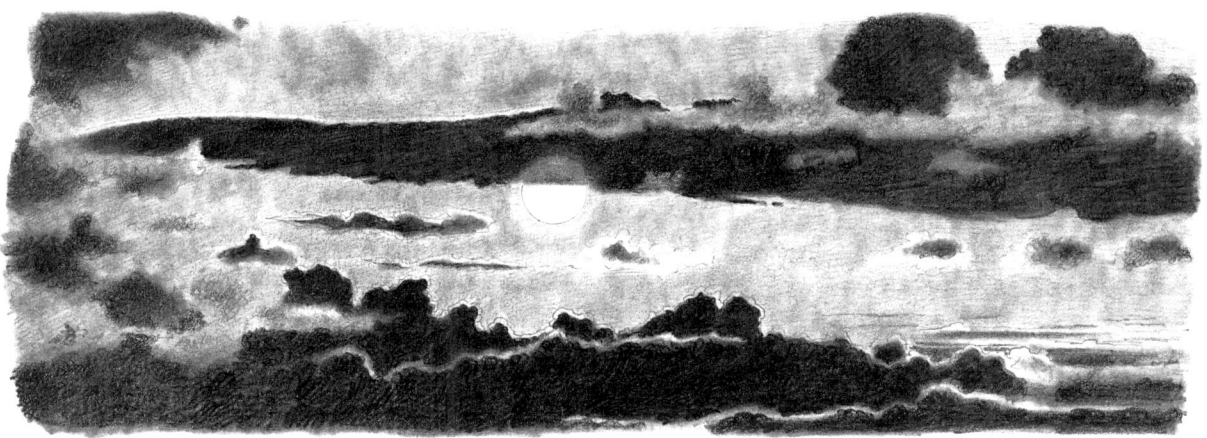

Pese a la presencia de nubarrones oscuros en esta escena de atardecer, el ambiente en general no resulta ni sombrío ni triste. El sol brilla, medio escondido, por una larga nube, radiando su luz en los bordes de las nubes, lo que nos muestra que están entre nosotros y el sol. El profundo espacio que se crea entre las capas oscuras de nubes aporta un aire melancólico a la tranquilidad del paisaje.

Hierba y árboles

La hierba y los árboles son dos de los elementos más fundamentales de un paisaje. Como ocurre con otros muchos temas, hay muchas variantes en su forma y en cómo podrían usarse los elementos.

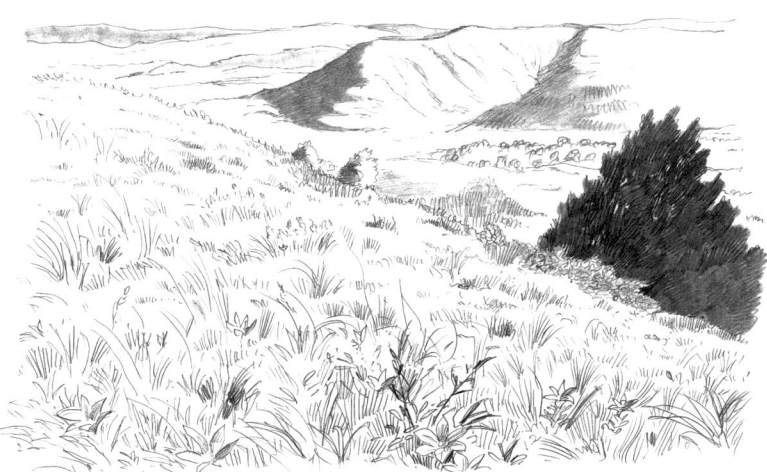

La hierba y las colinas conviven con las flores en este dibujo de un primer plano de una ladera. Los detalles que vemos en el primer plano aportan interés a lo que, si no, sería una textura bastante uniforme. La suavidad de las colinas distantes sugiere que también tienen hierba en la superficie. La zona más oscura de los árboles, justo en el borde la colina que tenemos más cerca, contrasta con un fondo vacío.

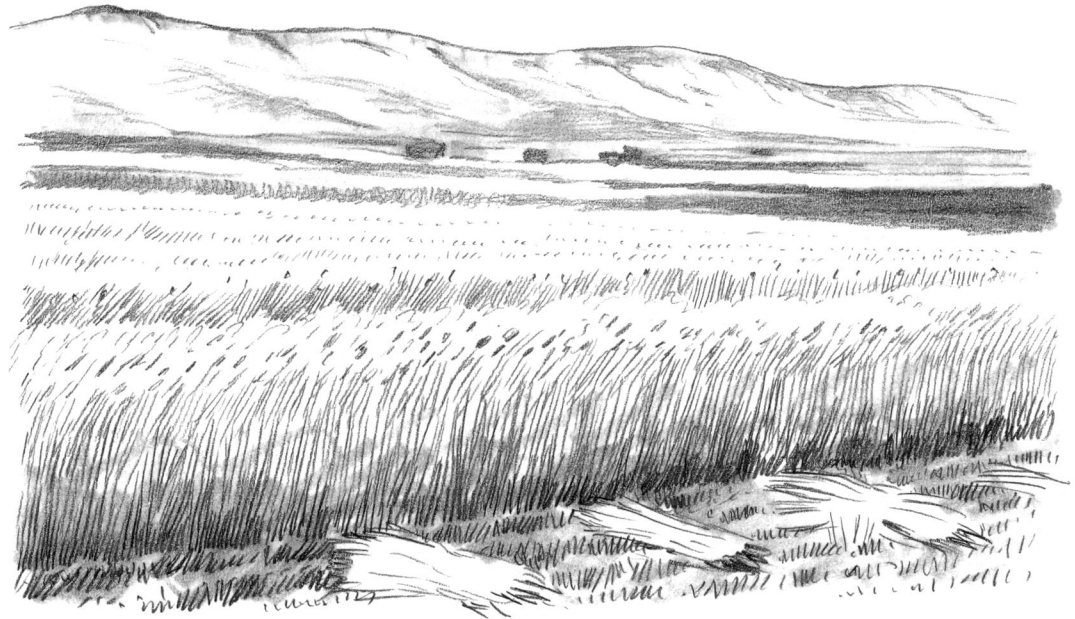

Los campos cultivados producen una sensación de una superficie mucho más suave que la hierba si se miran a cierta distancia. La tarea más importante para un artista que dibuje este tipo de escena es definir la altura del cereal cultivado, en este caso trigo, mostrando el punto en el que el cereal en la punta se curva sobre el alto tallo. La textura puede simplificarse y generalizarse después de las dos primeras filas.

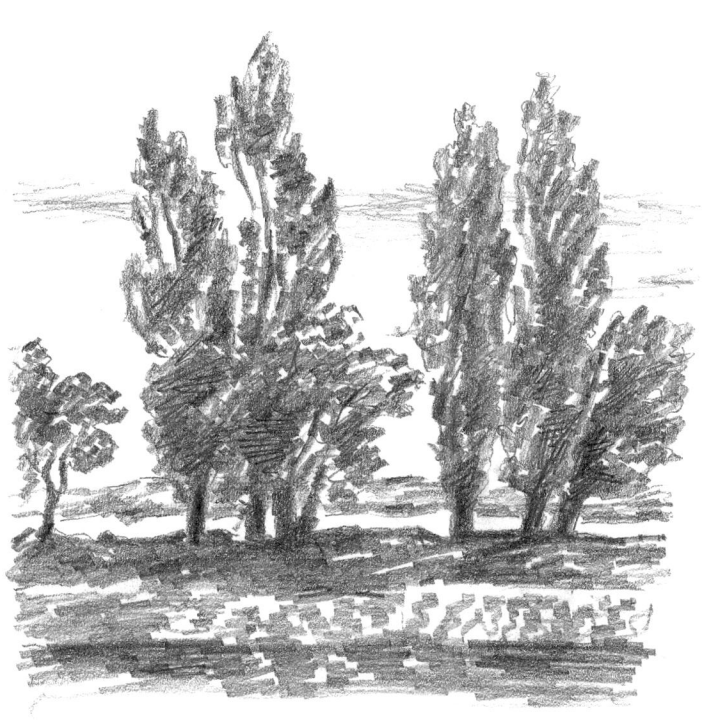

Cuando te planteas dibujar árboles, no tienes que intentar dibujar cada una de sus hojas. Utiliza anchos trazos de pincel para definir las copas en vez de fijarte en cada una de las hojas o las ramas individuales. Céntrate en lograr la forma general del árbol y en cómo las hojas se agrupan en masas oscuras. En esta copia de los árboles de un Constable vemos cómo los árboles se observan casi como siluetas frente a un cielo brillante que provoca sombras en la tierra.

Los árboles de este campo de cultivo tenían bastante follaje cuando los dibujé, un día soleado. Las formas anchas y suaves sugerían el tamaño de las copas de los árboles y presentaban extensiones más oscuras y más claras, con unas cuantas ramas dibujadas y el troco más sobresaliente frente al fondo.

Una zona de sombra bajo los árboles más cercanos al espectador ayuda a definir su posición en la tierra. A la izquierda, se ve una colmena que sobresale entre los tonos más claros y más oscuros. En primer plano la textura de las hierbas ayuda a presentar un sentido de espacio entre los árboles.

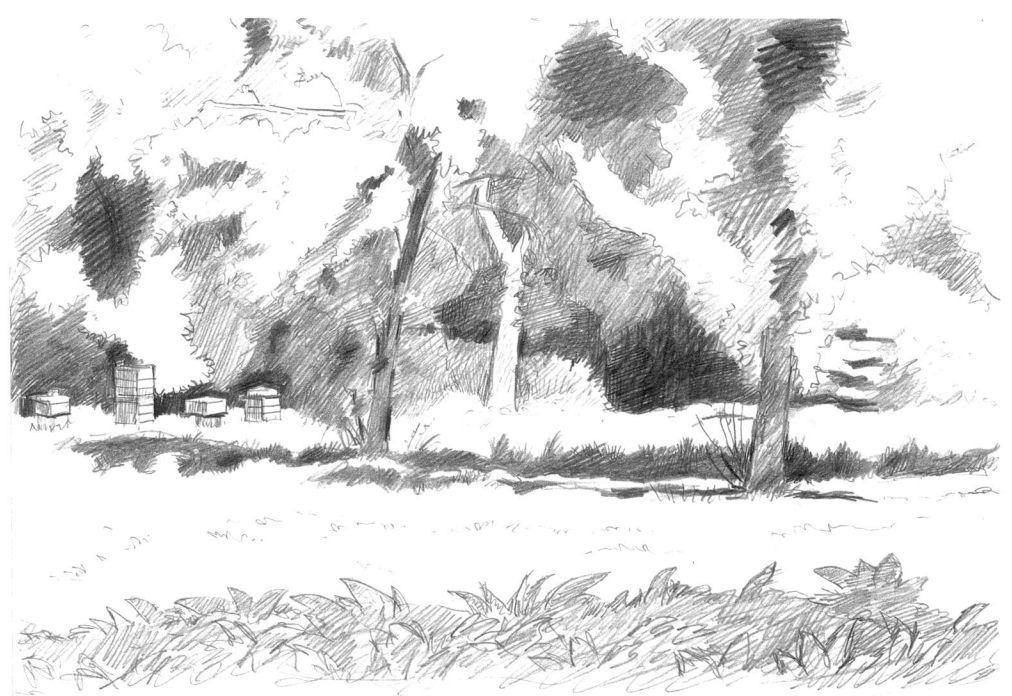

Las playas

Las playas y calas son un ejemplo bastante especializado de paisaje debido al sentido de espacio que se produce cuando el mar ocupa la mitad del dibujo. Nuestra primera vista es de la cala de Chesil en Dorset, vista desde un pequeño acantilado. La segunda vista está captada desde un punto más alto, desde un extremo y va alejándose en perspectiva hasta un cabo, en el fondo.

Esta vista es la de la orilla de arena y guijarros que se extiende en el primer plano, con un estancamiento de agua en el lado derecho y una tierra más firme ya hacia el final, a la izquierda. En el horizonte podemos ver los acantilados del lado más lejano de la cala y, más allá, el mar abierto. Hay que tener en cuenta que los suaves tonos tienen trazos horizontales en el dibujo para indicar la calma del mar y la erosión de la tierra. Asimismo, se ve el contraste de los tonos más oscuros bordeados de luz donde el borde de la arena o guijarros se muestra de color blanco.

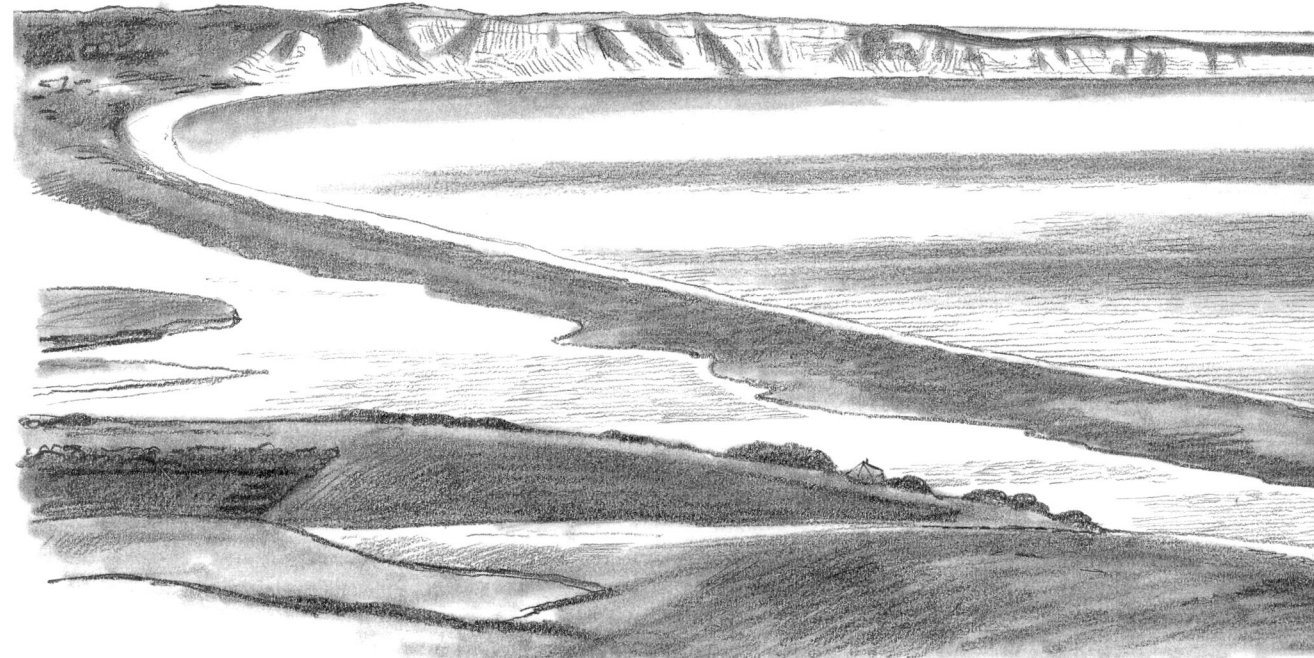

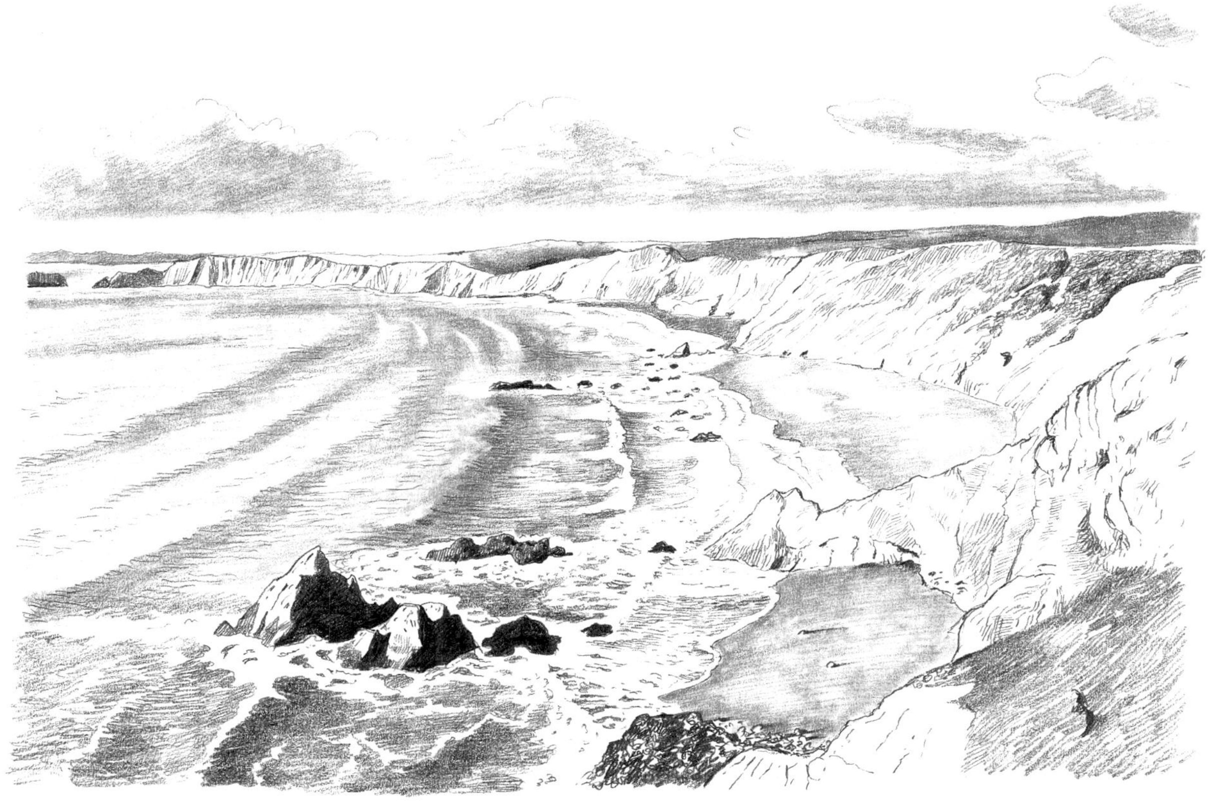

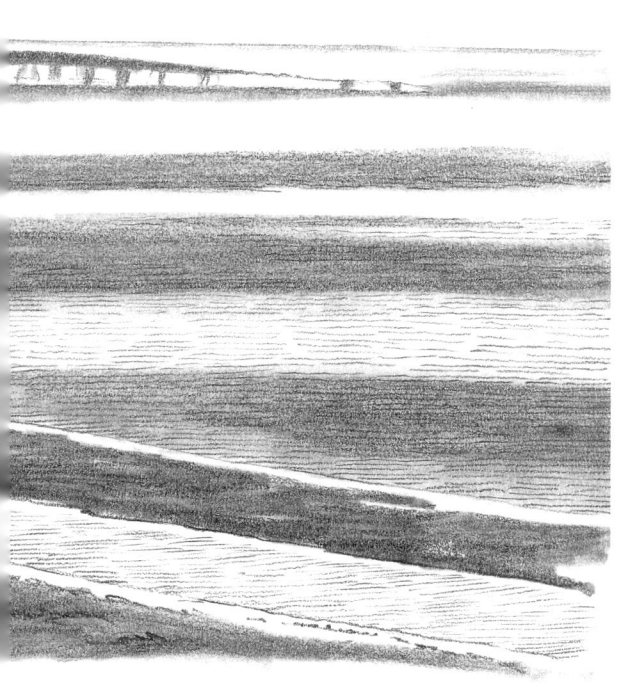

Aquí, la parte más oscura de las colinas representa la hierba y contrasta con la textura más iluminada de las rocas de los laterales a medida que bajan hasta la orilla. La playa tiene un tono más oscuro que los acantilados pero sin textura. La parte más dura es donde las olas rompen en la orilla. Hay que dejar suficiente espacio en blanco para indicar la espuma, pero al mismo tiempo hay que intercalarlo con un tono oscuro para que haya contraste y se vean las olas. El tono de las rocas dentro del agua puede dibujarse muy oscuro para que sobresalga y haga que el movimiento de las olas sea más blanco. Los acantilados más cercanos deberían tener más textura y dibujarse con mayor precisión que los que están más alejados.

///// Técnicas con lápiz

El lápiz es, por supuesto, el instrumento más utilizado en el dibujo. Sin embargo, nuestro primer aprendizaje del uso del lápiz hace que muchas veces no sepamos apreciar sus infinitas posibilidades.

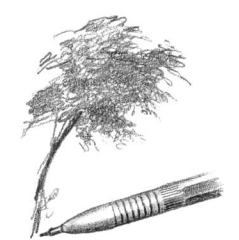

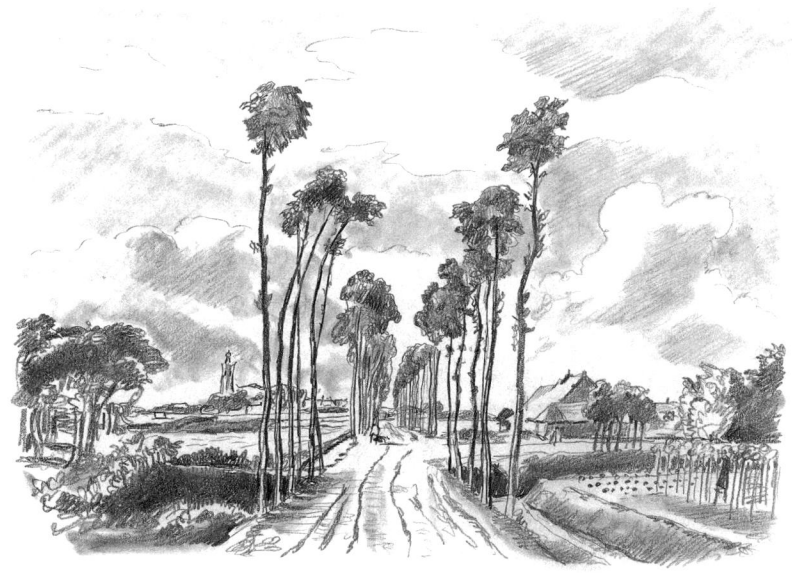

En este dibujo de *Carretera a Middleharnis* (basado en el de Hobbema) podemos ver una interpretación bastante libre en lápiz del original utilizando tanto el lápiz como el difuminador. Los trazos libres utilizados para producir los efectos de este dibujo parecen bastante sencillos si los comparamos con los del siguiente ejemplo.

El artista norteamericano Ben Shahn fue un gran exponente del dibujo a través de la observación. Defendía el uso de gravilla o arena vasta para trabajar si por ejemplo se quería incluir un lugar rocoso o pedregoso en el dibujo, si no sabías trasmitir tanto detalle a partir de la observación. Estaba convencido de que si se copiaba cuidadosamente y se agrandaban estas partículas diminutas el artista podría lograr el efecto buscado.

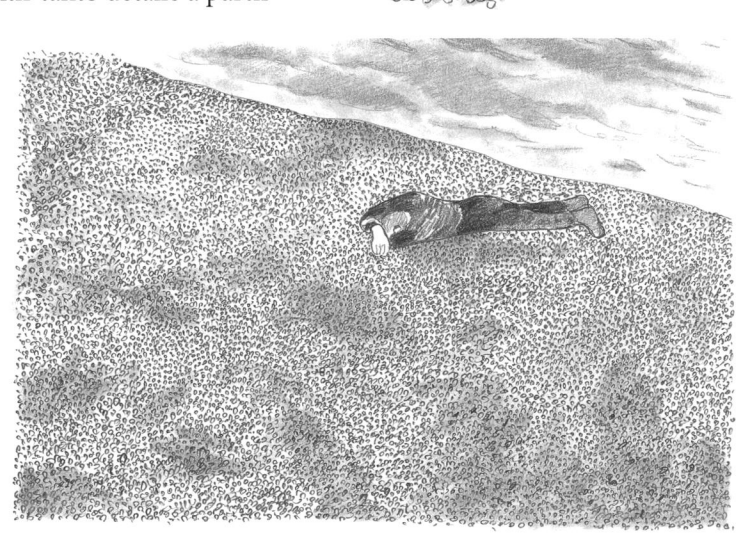

Cuando uno se enfrenta a un tema que requiere tanto detalle hay que adoptar un enfoque de trabajo minucioso y paciente. Si intentas hacerlo rápido, el dibujo se resentirá. En este caso, después de dibujar los detalles, utilicé un difuminador para darle un poco de tono y para reproducir una pequeña zona de mar.

Por lo general, cualquier pluma con una punta fina y que sea flexible para producir una variación de grosor en las líneas es adecuada para producir paisajes con tinta.

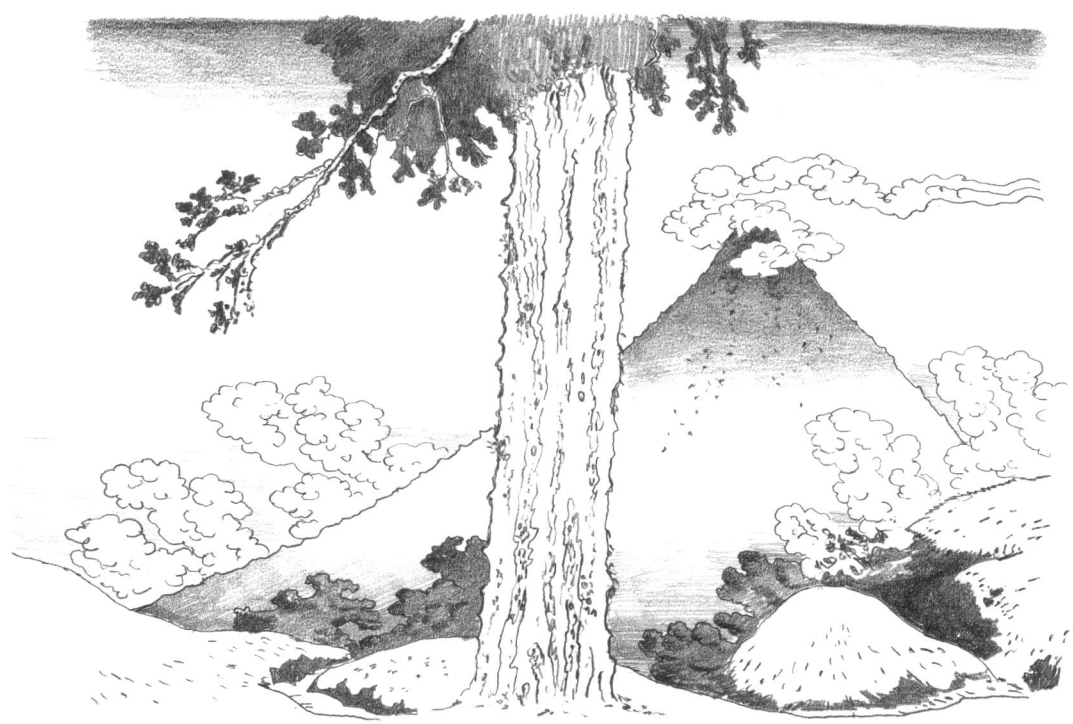

Para su original dibujo del monte Fuji, el artista japonés Hokusai seguramente realizó las marcas con una pluma caligráfica de bambú con tinta negra. Nosotros lo hemos hecho con una pluma y tinta negra, pero aun así nos las hemos ingeniado para transmitir el alto efecto decorativo del original. Hay que tener en cuenta cómo el contorno del tronco del árbol y la forma del monte están dibujados con mucho detalle, con sus innumerables bultos y curvas. También hay que advertir la variación en el grosor de la línea. Las formas altamente formalizadas producen un dibujo muy armonioso, con una forma cuidadosamente equilibrada de formas. Nada se deja al azar, e incluso las nubes se amoldan al deseo de armonización del artista. Esta técnica de texturas tonales se suele hacer con acuarelas o témperas y pincel, aunque hay casos en los que basta un lápiz, como aquí.

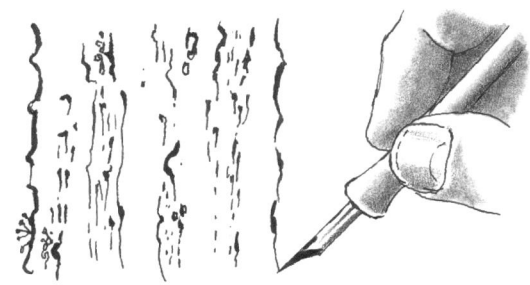

Tiza

Las herramientas con base de tiza, entre las que se incluyen los lápices conté y el pastel duro, son especialmente apropiadas para crear líneas que sean fuertes y se puedan difuminar y lograr grandes efectos tonales, como se pueden ver en estos ejemplos basados en los cuadros de Cézanne (abajo) y Vlaminck (abajo a la derecha). En ambos casos las gruesas líneas intentan transmitir la naturaleza de los elementos y los detalles que describen.

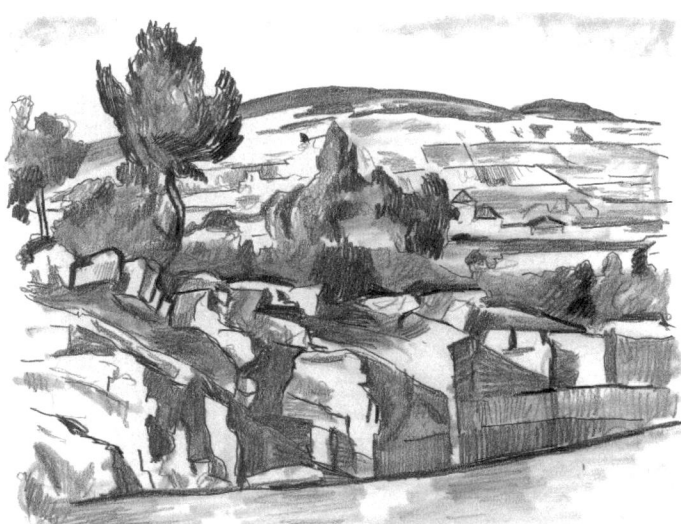

La similitud del estilo de todo este paisaje montañoso (basado en la obra de Cézanne) ayuda a armonizar el dibujo. Compara las estructuras montañosas cristalinas y la textura de los árboles. Las dos se han hecho de la misma forma, combinando líneas cortas y gruesas con zonas de tono, pero se observa una diferencia de textura.

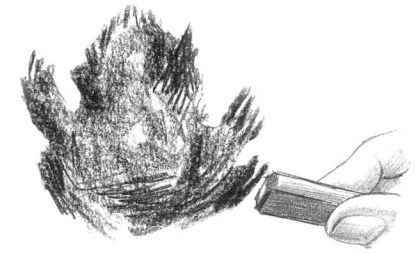

Aquí las líneas son más redondeadas, las áreas de tono son más suaves y el efecto total parece conseguirse con el amasijo de líneas curvas, fuertes y sólidas. No se observa ninguna diferencia estilística entre los árboles y las casas que hay por detrás. La impresión que transmite es que la naturaleza es tan importante como la creación del hombre.

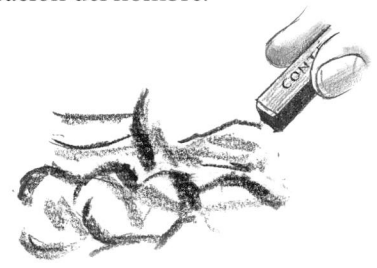

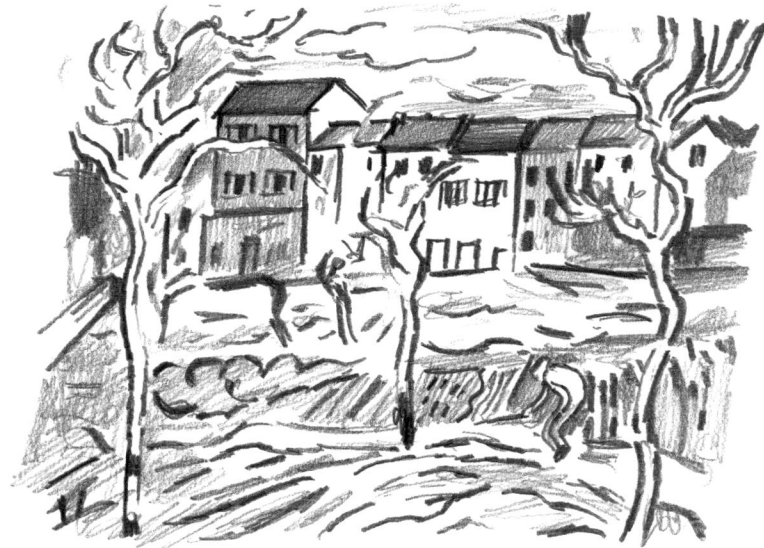

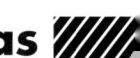

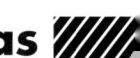

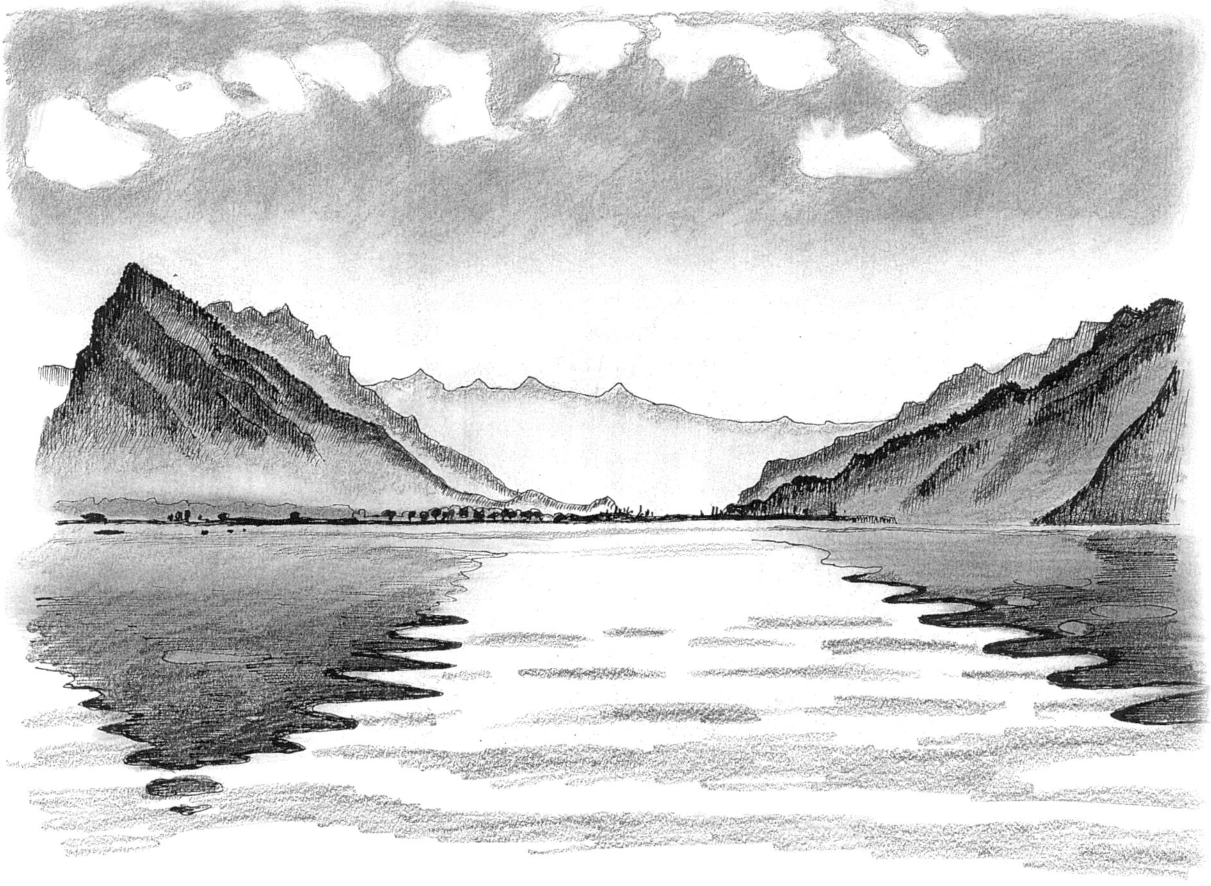

Ahora intenta dibujar un paisaje utilizando diferentes recursos: pluma y tinta y lápiz o carboncillo. Este ejemplo muestra una gran colina cerca del agua y su reflejo en ella, con un cielo nublado de fondo. Utiliza el lápiz o el carboncillo con suavidad para poder crear después las nubes (puedes quitar las marcas con una servilleta de papel para darle un efecto muy suave) y después dibuja con la pluma el contorno de las montañas y los reflejos más marcados en el agua. Rellena algunas de las zonas más oscuras con tinta pero sin excederte. Después, con un lápiz o con el carboncillo, aplica el tono en las partes más grandes y oscuras y vuelve a borrar un poco en algunas zonas para crear un efecto más suave. Tendrás que hacer marcas de lápiz más fuertes cerca de las líneas de pluma porque si no no quedará bien cohesionado. Por último, la parte más clara del agua que refleja puede dibujarse con lápiz o con carboncillo.

Utiliza una pluma gráfica normal de 0,1 o un puntafina o, si quieres que el dibujo sobresalga por sí mismo sin que sea la base de otro dibujo más trabajado, utiliza una pluma 0,3 o 0,5 o un rotulador de punta media.

El mar como paisaje: pincel y acuarela

Una de las maneras más efectivas y divertidas de captar los valores tonales es plasmarlos gracias al pincel y la acuarela. En esta vista de la laguna veneciana a primer ahora de la mañana, vista desde Giudecca hasta la isla de San Giorgio, vemos la iglesia de Palladio que sobresale frente al sol naciente y, sin duda, el uso de la acuarela hace que el resultado sea óptimo con un proceso sencillo.

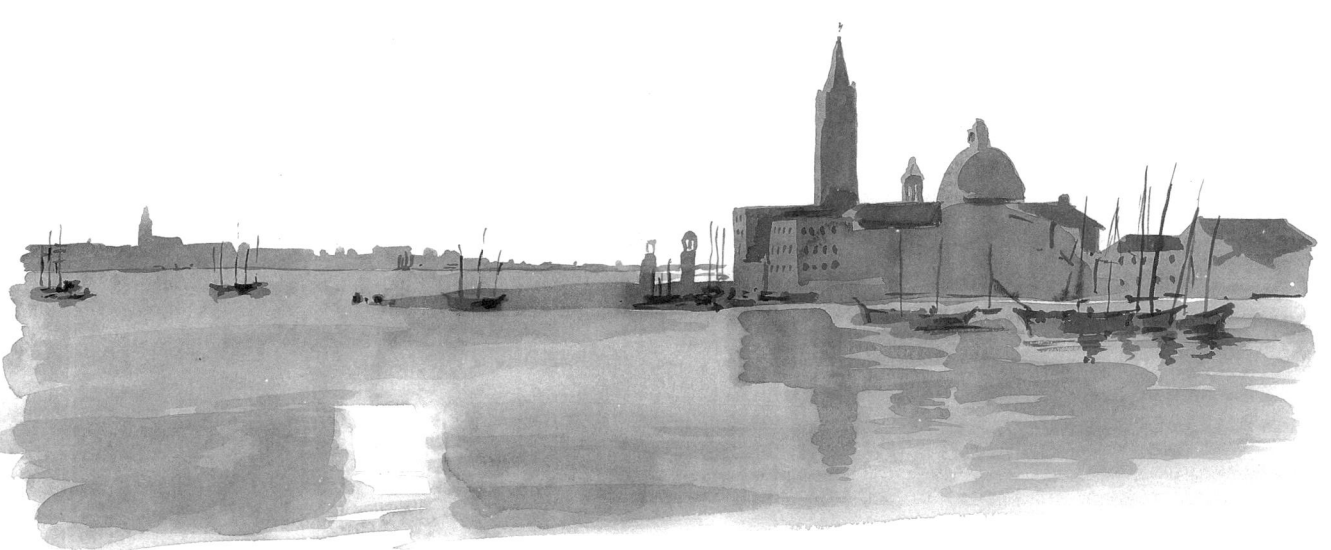

Saber aplicar las zonas de tono en los lugares correctos es la clave del éxito. No importa si el dibujo final difiere un poco de la realidad. Lo importante es que te asegures de que los tonos funcionan en el dibujo. Se necesita seguridad para hacer este tipo de cuadros y es recomendable practicar con el pincel antes de empezar, para que la acuarela se aplique con suavidad. Empieza realizando un esbozo de la forma del horizonte y de los edificios que se ven en el fondo. Si te sientes cómodo, ya puedes empezar a utilizar el pincel en esta primera fase.

La forma de la isla y su iglesia fue realizada en un tono medio de acuarela. Después, mientras se secaba, la silueta más distante de la parte principal de Venecia fue trazada con el mismo tono. A continuación, las zonas más oscuras de tono de la zona principal fueron añadidas, con gran simplicidad. Ya era posible crear un tono bastante claro para el agua, dejando una zona en blanco para reflejar el sol en el agua. Ahora ya se podían poner unas marcas un poco más oscuras con un pincel más fino para definir los tejados, las ventanas y los barcos que rodeaban la isla. Los reflejos en el agua fueron lo siguiente. A continuación, cuando ya estaba todo seco, añadí algunos detalles en los barcos para hacerlos parecer más cercanos al espectador.

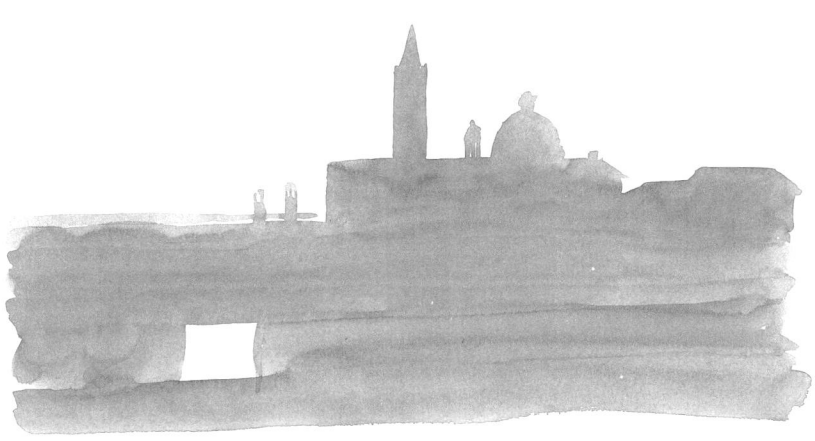

1. El primer tono que hay que aplicar es el más claro y el que nos ocupará una mayor zona, ya que muestra la línea del horizonte y la zona básica de edificios. Recuerda dejar un cuadrado en color blanco para indicar el reflejo de la luz en el agua. No te preocupes si el cuadrado no se adecúa a la zona que puedes ver.

2. La segunda capa de color deberá ser bastante más espesa y oscura que la primera. Ahora ya se necesitará más habilidad pintando porque hay que mostrar con efectividad la dimensión de los edificios. Además, con este tono se pueden empezar a mostrar los reflejos en el agua, aunque con menos precisión que las formas de los edificios. Una vez más, intenta ver dónde los reflejos de la luz caen en el agua.

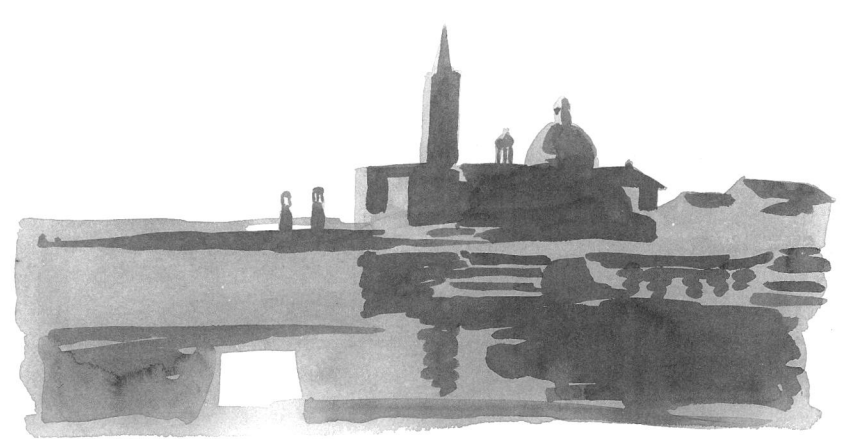

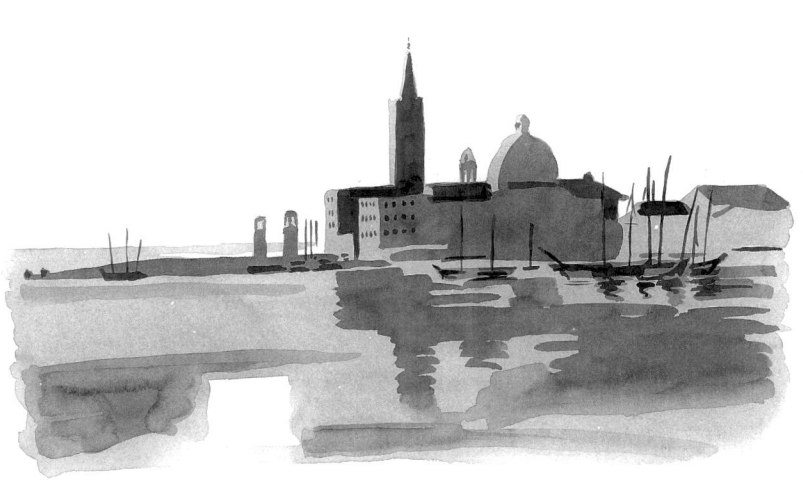

3. La tercera capa de tono es aún más oscura. Con ella puedes empezar a definir las zonas que quedan cerca del espectador. Las partes de los edificios con una silueta marcada frente al cielo son especialmente importantes. Después puedes añadir unos barcos atracados cerca del muelle y las finas líneas negras de los mástiles recortadas contra el cielo y los edificios.

//// Un proyecto paisajístico

Elegir un enclave

Tal y como hemos visto, el primer paso para dibujar un paisaje es decidir la situación. A veces es fácil porque uno ya está en un lugar de gran belleza natural y tiene el bloc de dibujo, pero otras veces ocurre todo lo contrario. Te apetece dibujar un paisaje pero no tienes nada en mente, así que ¿por dónde empiezas a crear un escenario?

Para este ejercicio, mi primera intención era ver cómo podía hacer de unos esbozos que había hecho en Francia e Italia una composición más minuciosa y pensada. Empecé dibujando una vista del famoso jardín de Giverny de Claude Monet, en el norte de Francia, pero al final decidí que quería producir algo menos monótono.

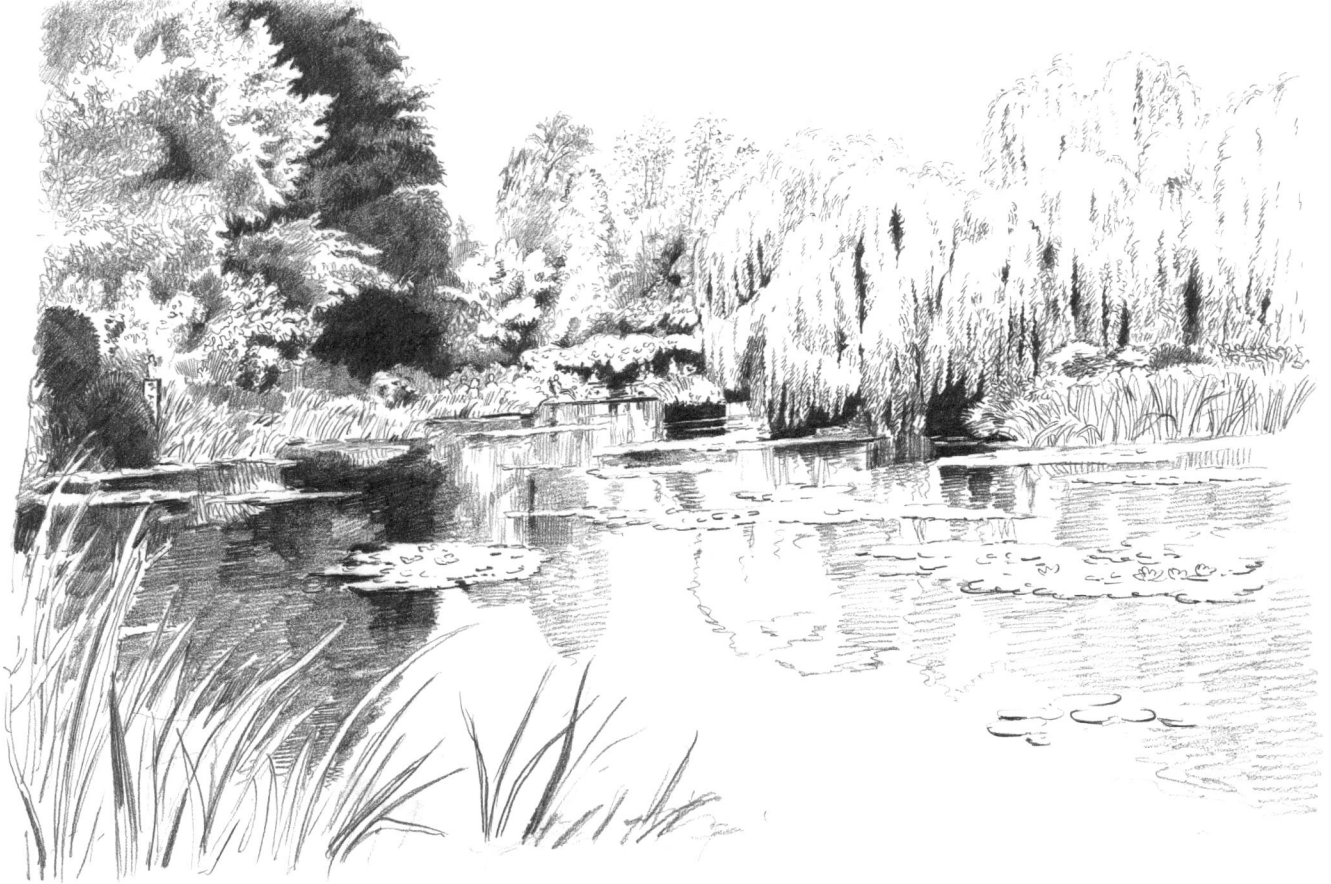

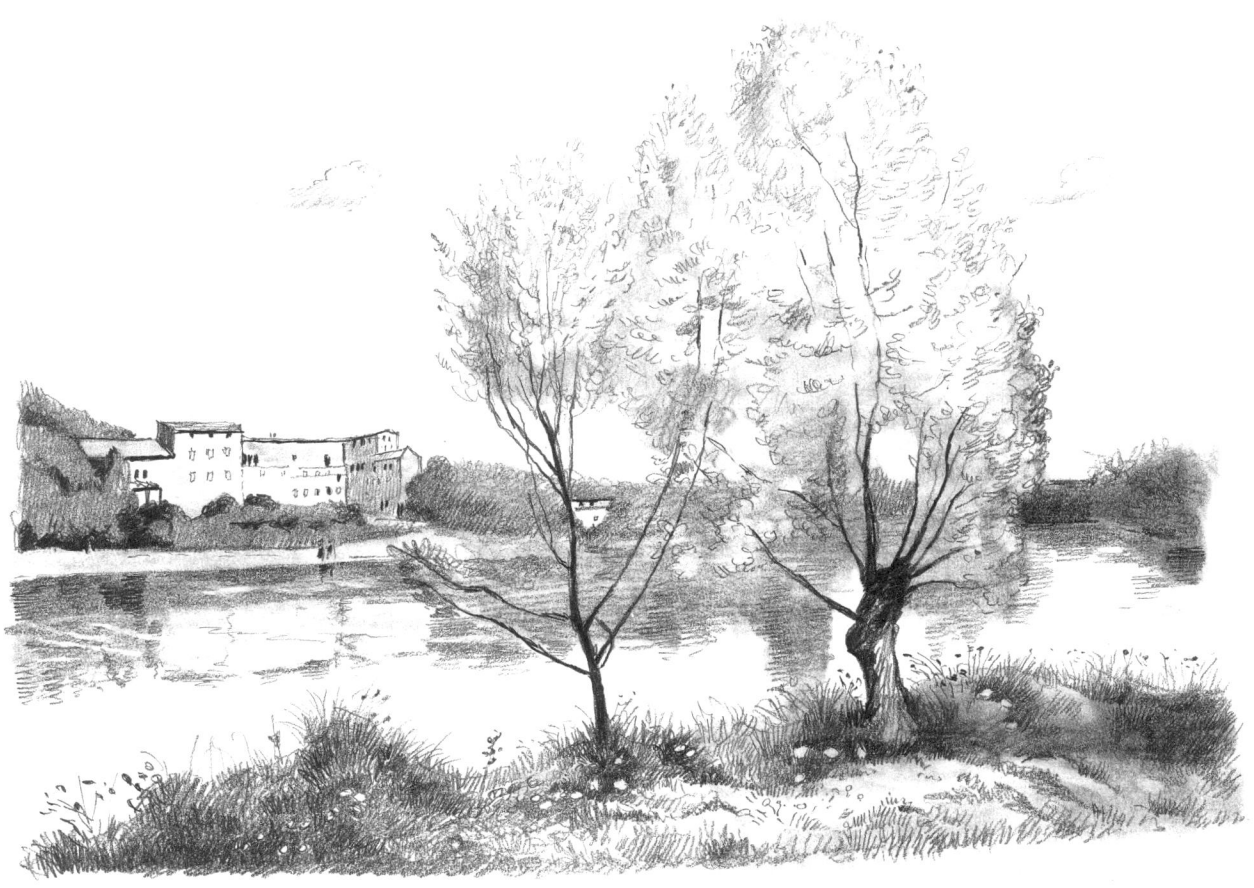

Así que observé algunos de mis bocetos de Italia y a partir de ahí trabajé una vista hacia un río, con árboles en primer término. Sin embargo, a medida que iba pasando el tiempo sentía que quería empezar de cero con un paisaje nuevo que partiese de la observación directa, así que aparté los esbozos y me acerqué al bonito parque Richmond, cerca de mi casa.

Esta zona me interesa mucho porque hay una gran variedad de paisajes con lagos, riachuelos, colinas y, sobre todo, impresionantes árboles. Aunque no se trata de un bosque, tiene suficiente terreno y variedad como para que un artista paisajístico se divierta explorándolo.

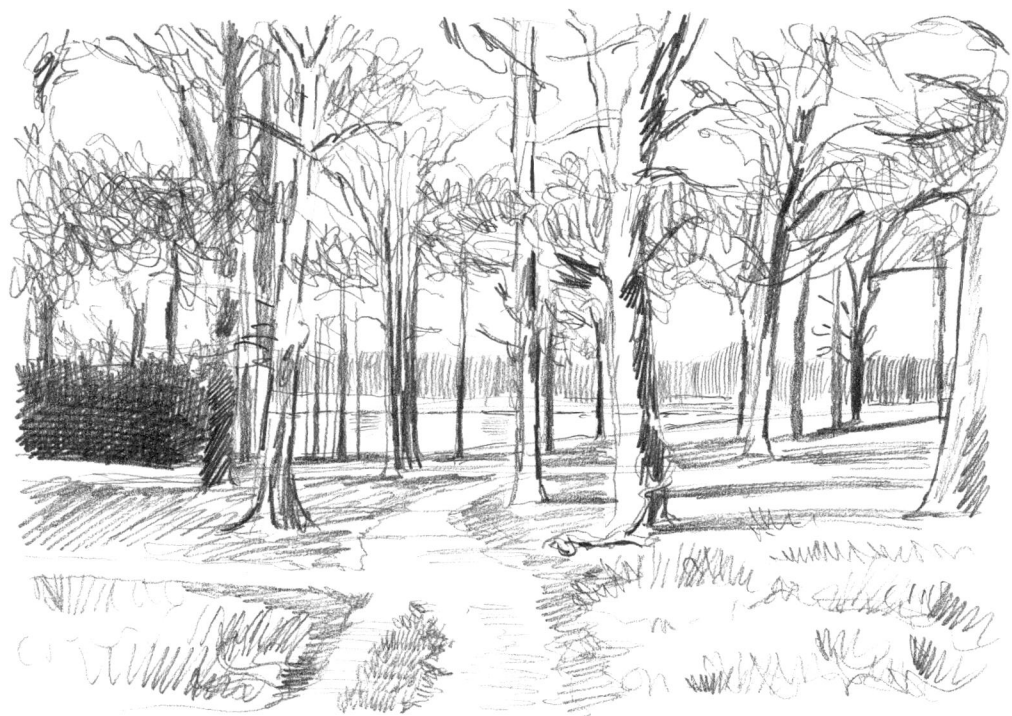

Hacer un boceto desde el lugar

Me propuse dar un largo paseo con el bloc de dibujo bajo el brazo, deteniéndome de vez en cuando para dibujar todo lo viese. La primera pausa fue para plasmar esta vista de uno de los lagos visto a través de unos altos árboles. Puesto que era invierno, no tenían mucho follaje, pero las ramas desnudas de los árboles seguían manteniendo su atractivo.

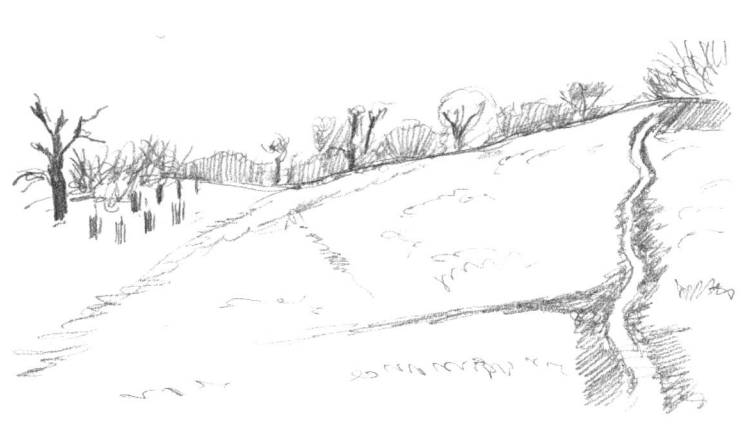

Después pasé a observar una zona mucho más abierta donde una colina llega hasta unos bosques que se divisan en la distancia. Hice unos trazos rápidos y entonces me di cuenta de que había un gran árbol que se había caído y que se estaba descomponiendo.

Lo dibujé desde un lado y después me acerqué y lo observé desde el otro lado para hacer un dibujo más detallado, ya que es un elemento fantástico para utilizarlo en primer plano en cualquier paisaje.

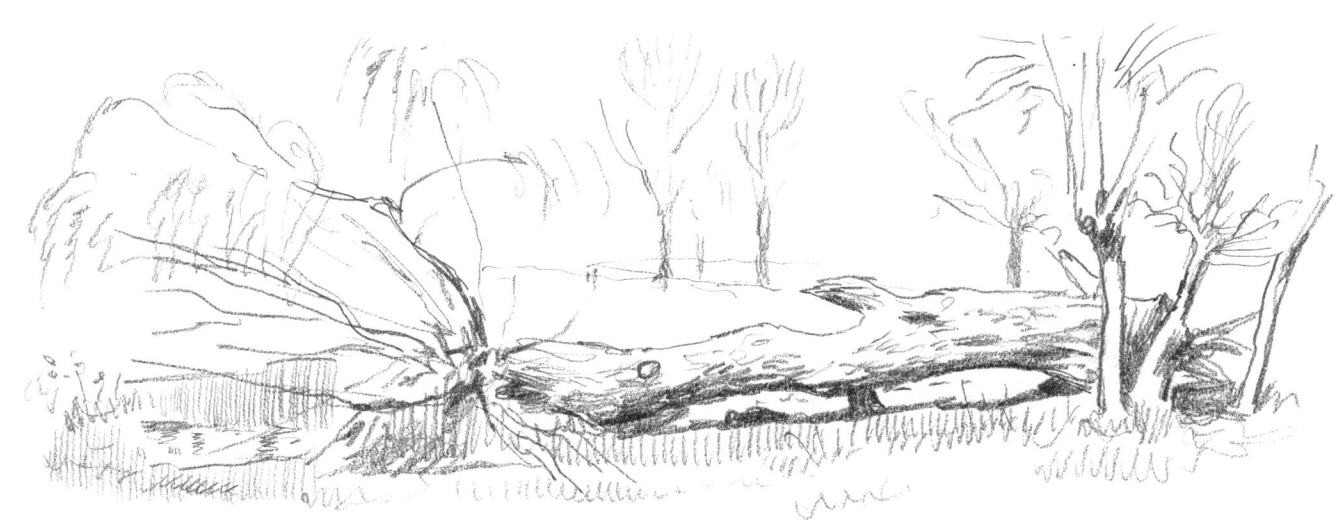

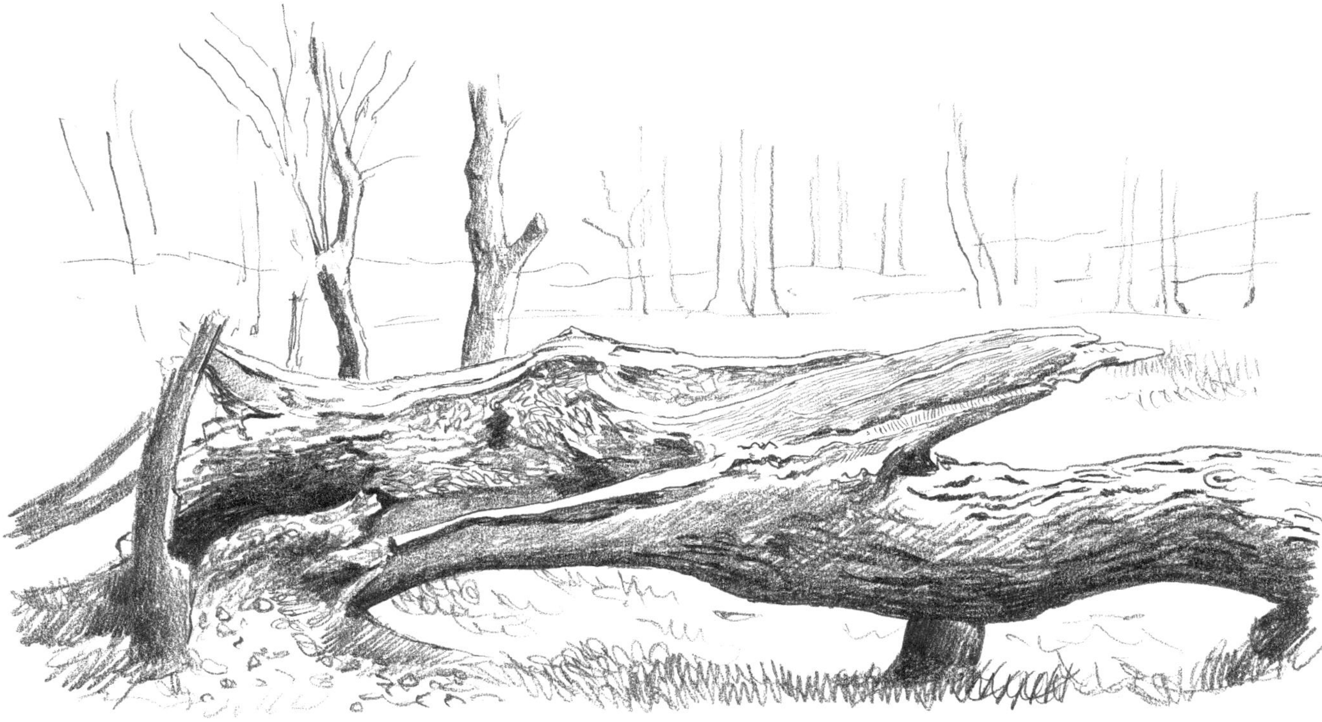

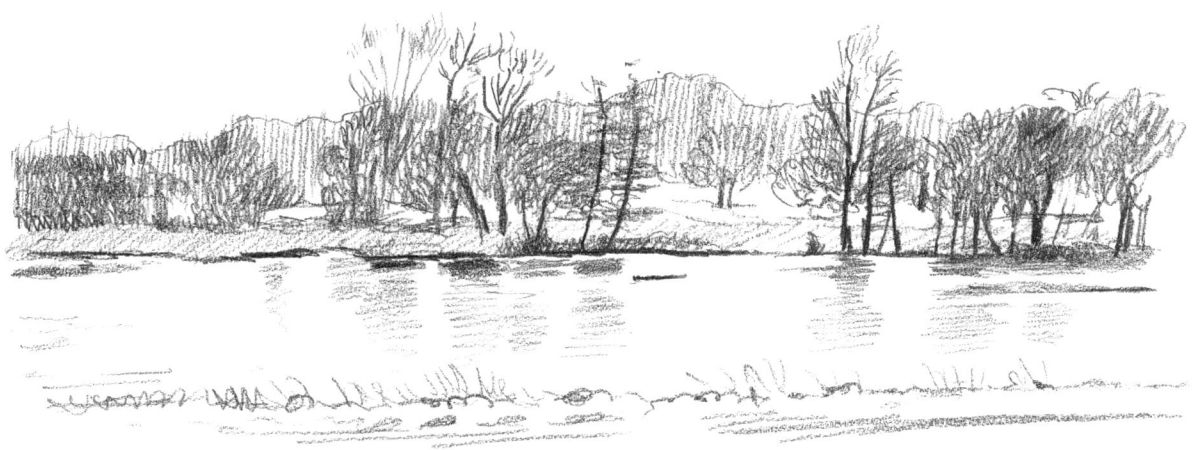

A continuación dibujé el lago desde la distancia, sin árboles en primer plano. Así podría utilizarlo como elemento de fondo. Como puedes ver, ya empezaba a pensar en un posible paisaje, pero sin acabar de tomar la decisión final.

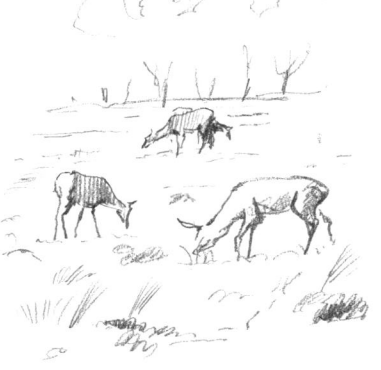

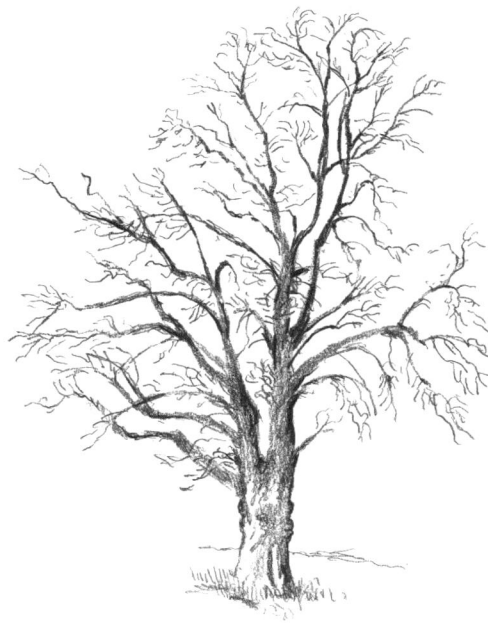

Acto seguido caminé colina abajo hasta llegar a un riachuelo, pero antes de ello, por el camino, dibujé un bonito árbol y después parte de un reflejo en el riachuelo. No elaboré mucho el dibujo porque me estaba dando cuenta de que ya había decidido lo que iba a pintar.

En la distancia advertí un pequeño grupo de ciervos que viven en el parque y los dibujé gráficamente. No me podía acercar mucho, pero pensé que quizás podrían ser un punto focal en un dibujo final.

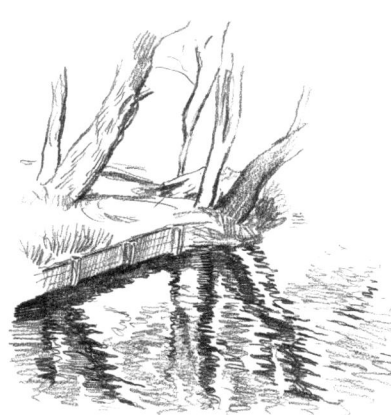

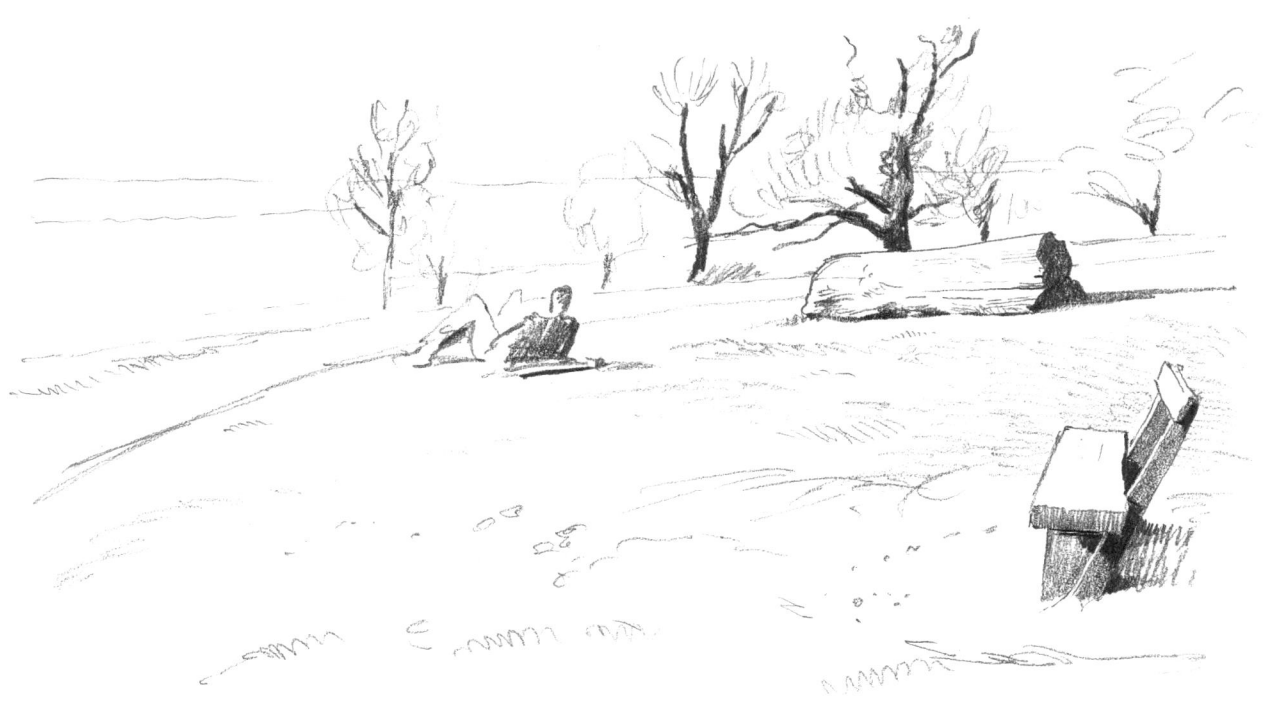

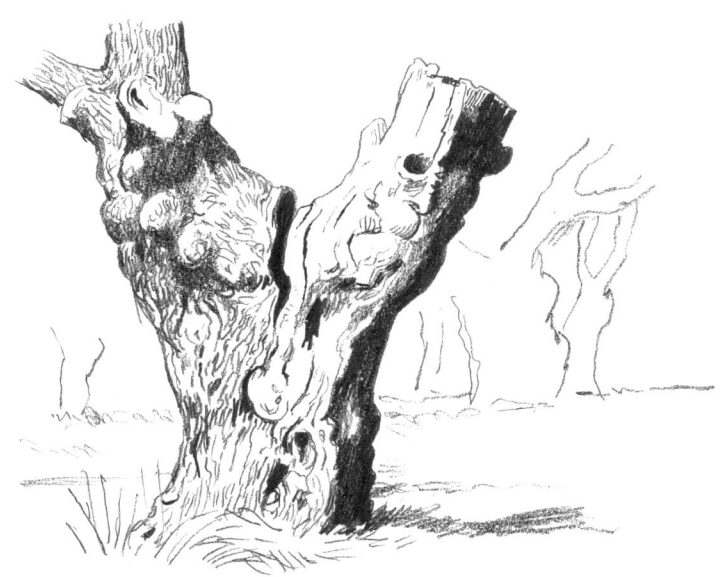

En lo alto de la colina dibujé otro tronco, un hombre medio tumbado en el suelo y un banco de madera. Cerca, vi el maravilloso tronco de un árbol con muchos años, ya muerto, abierto y retorcido, con una forma escultural que podría acabar siendo un elemento en el paisaje cercano al espectador.

Composición final

1. El paisaje propuesto era una vista de una ladera, con un gran tronco maltrecho caído en medio del camino en primer plano. También pensé que un par de ciervos podrían aparecer en el dibujo, que sería una composición a partir de varias vistas reales. Hice un esbozo rápido para ver cómo podría quedar.

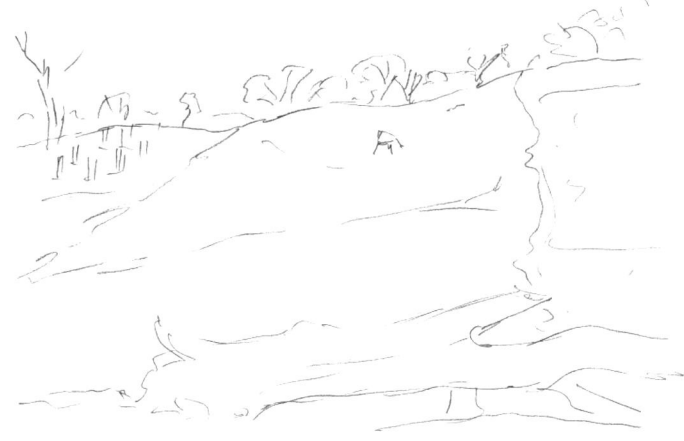

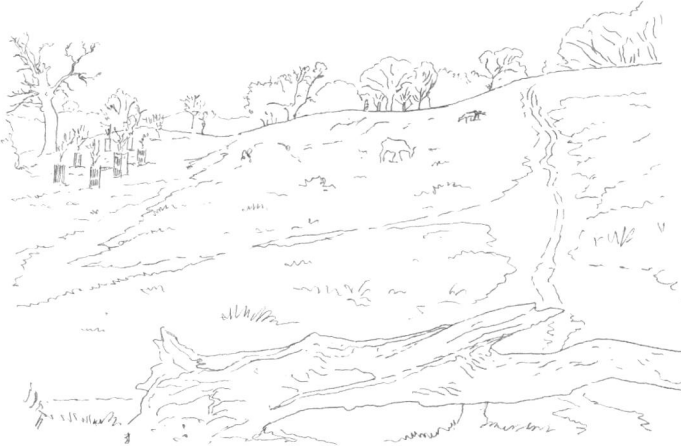

2. Con una buena sensación de que podría acabar siendo un buen dibujo, procedí a dibujar sólo las líneas para poder solventar cualquier dificultad de composición y de dibujo.

3. Una vez ya había efectuado las correcciones necesarias, ya podía empezar a darle textura y tonalidad al dibujo y también más cuerpo a los elementos. En esta fase mantuve la tonalidad uniforme y lo más clara posible por si tenía que efectuar cambios.

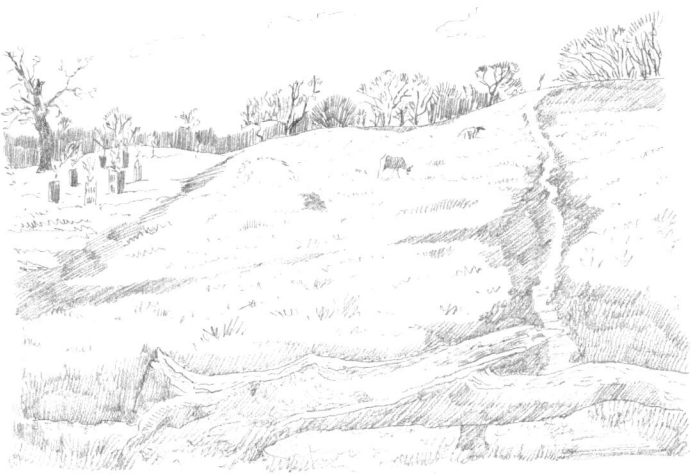

4. Después vino el empujón final para crear la profundidad y el sentimiento de espacio que quería en el dibujo. Los ciervos casi desaparecían en la ladera pero servían como punto focal atenuado en la composición. El sendero que asciende por la ladera ayuda a conducir al ojo hacia el horizonte ondulado de la ladera y después hasta el árbol muerto de la izquierda.

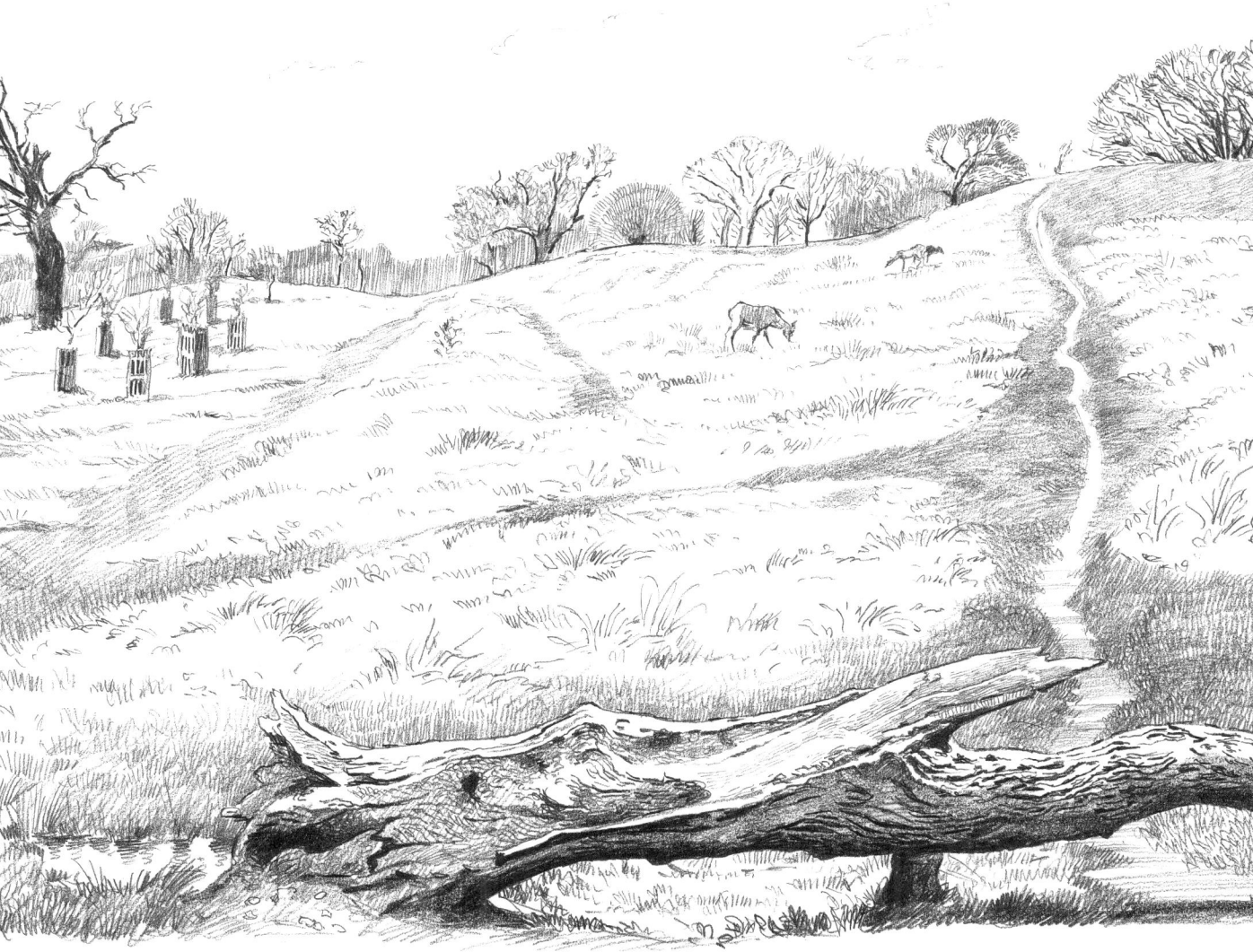

//// Índice alfabético

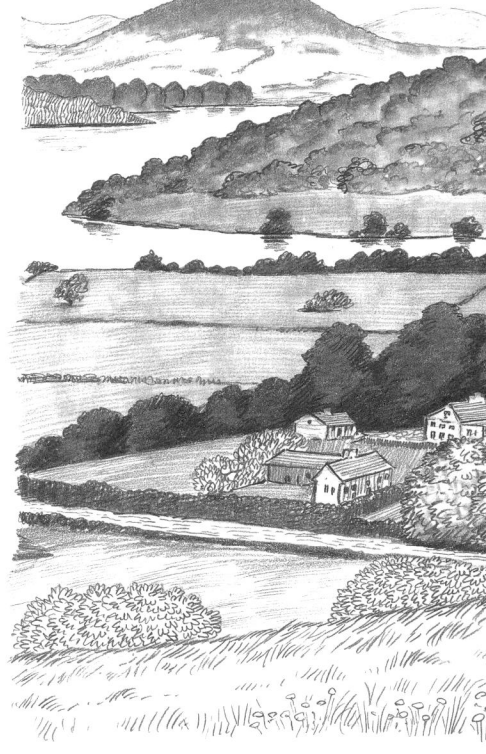

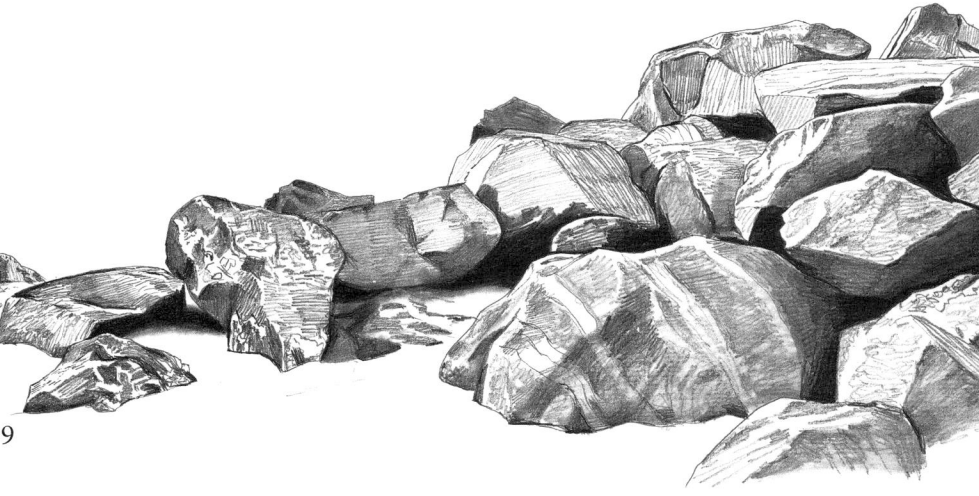